# アガルートの
# 司法試験・予備試験
# 実況論文講義

## 民事訴訟法

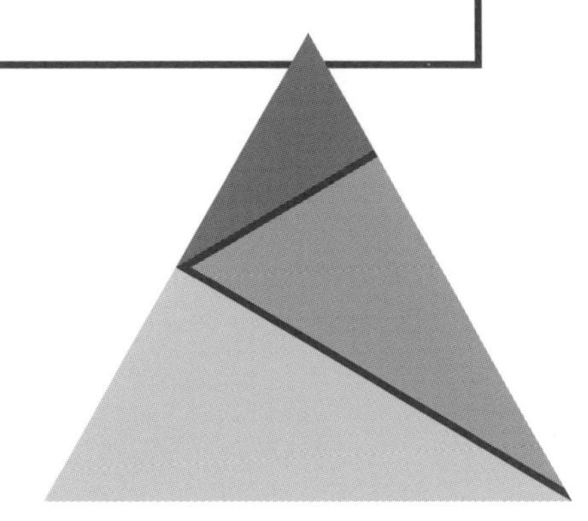

アガルートアカデミー 編著

AGAROOT
ACADEMY

# はしがき

法学の論文式問題を正確に処理できるようになるためのプロセスは，概ね以下の通りです。

① 大学の授業や予備校の基礎講座・入門講座などで，基本的な法学の知識を身に着ける

↓

② 法学の論文式試験の問題の処理パターンを学ぶ

↓

③ ②で学んだパターンを実践し，実際に答案を作成する

↓

④ ②で学んだパターンを使いこなし，より難易度の高い応用問題にチャレンジする

本書は，大学の授業や予備校の基礎講座・入門講座などで一通り基本的な法学の知識を身に着けた方（①のステップを修了した方）が，本格的な論文式問題にチャレンジするための橋渡しを目的としています。上記で言えば，②から③のステップです。

したがって，本書に掲載されている問題は，司法試験のレベルには及びませんし，予備試験や法科大学院入試で出題されている問題（これらの問題は，④のステップで取り扱うべきものです。）よりも簡単なもの，典型論点の繋ぎ合わせだけで処理できる，いわゆる典型問題が多くなっています。

しかし，このステップは，実は非常に重要です。基本がしっかりと身に着いていなければ応用問題を処理できるはずがありません。これは，何も法学の論文式試験に限ったことではなく，例えば，数学でも，公式を教わったら，その後に基本例題で実際にそれを使った解き方が解説され，練習問題で自分の手を動かしながら訓練するのだと思います。応用問題はその後にようやく登場するものです。

まずは，典型問題を正しい思考方法にしたがって，しっかりと処理することができるようになることが重要です。

＊

論文式試験問題を解く際は，大きく分けて以下のプロセスをたどります。

【STEP 1】問題文を読み，そこで問題となっている条文・判例などを特定する（問題文解析）
【STEP 2】答案構成をする（答案構成）
【STEP 3】実際に答案を書く（答案作成）

本書では，この【STEP 1】～【STEP 3】の過程を丁寧に示しています。

中でも，【STEP 1】問題文解析に気を使って執筆しました。

法学の論文式試験を処理するに当たって学習者が苦労するのが，自分が身に着けた知識と目の前の問題を結び付ける作業です。

問題文に記載されているどの事実から必要な条文や判例の知識を引っ張り出せばよいのかが，なかなか分からないという方が多いようです。

【STEP 1】問題文解析が上手くできるようになるためには，法学の論文式試験全てに共通する「解き方」「書き方」を身に着けた上で，科目ごとの思考方法を知る必要があります。このうち，本書では，後者の方法論，すなわち，科目ごとの思考方法をお伝えします。

例えば，民法では，請求権パターン（当事者の請求→請求の法的根拠→要件→効果を順に特定すること），刑法では犯罪論体系（構成要件該当性→違法性→有責性の順に検討すること）など，科目ごとの思考方法があります。

これを身に着けることで，【STEP 1】問題文解析がスムーズにできるようになります。

本書では，まず，この思考方法に従って，問題文の事実から必要な判例や条文の知識を引っ張り出していく過程を明らかにしています。これが【STEP 1】問題文解析に相当する部分です。本書を読み進めることによって，筆者がどのようにして問題文を解析しているのかが分かり，自然と正しい思考方法が身に着くようにプログラムされています。

次に，【STEP 2】答案構成を示しています。答案構成は，【STEP 1】問題文解析で洗い出した知識を全て記載するのではなく，答案の流れを一読して理解することができるように，できる限りシンプルなものにしました。

最後に【STEP 3】答案作成に相当する部分として，解答例を示しています。【STEP 1】【STEP 2】を通じて答案に書くべきこと，その流れが分かったとしても，実際の答案では，なぜそのような表現になっているのか，なぜそのような分量で記載されているのかが分からなければ，学習効果が半減してしまいます。本書では，答案の欄外に，解答作成に当たっての留意点や表現方法の工夫等を記載していますので，適宜参照してください。

*

また，本書では，問題ごとに予備試験合格者による手書きの問題文メモ，答案構成，解答例を掲載しています。予備試験合格者がどのように問題文を解析し，答案構成をし，答案を作成したのか，そのプロセスを学ぶことによって，合格レベルにある受験生の思考過程を知り，目標とすべき到達点を認識することができるようになります。

筆者の作成した解説・答案構成・解答例で論文式試験問題の処理のための正しい思考過程を学び，予備試験合格者による参考答案等で目標とすべき到達点を確認してください。

*

本書で科目ごとの思考方法を身に着けた後は，市販の問題集や予備校の講座等を用いて，問題演習を繰り返してください。本書にもある程度の問題数は掲載していますが，本書で身に着けた思考方法を自由自在に使いこなし，応用問題に耐え得るレベルにまで昇華させるためには，さらに練習を積む必要があります。

典型論点を含む典型問題については，問題文を見た瞬間に解答が思い浮かぶレベルにまで訓練を積んでください。そうすることで，その部分については確実に得点をすること，司法試験などで問われる応用問題にじっくりと考えるだけの時間を確保することができるようになります。

本書を用いて，多くの受験生が，論文式試験問題に対する正しい思考方法を身に着け，司法試験をはじめとする各種試験に合格されることを願って止みません。

2020（令和２）年２月

**アガルートアカデミー**

# 本書の利用方法

百選番号は，民事訴訟法判例百選〔第５版〕に準拠しています。

＊

まずは，本書の巻頭に付属する問題集を使って，自分で問題文を解析し，答案構成をしてみてください。時間があれば，実際に答案を作成してみてもよいでしょう。

次に，解いた問題の解説・答案構成・解答例を読みます。その際には，解説に記載されているような正しい思考方法で問題文を解析することができていたかどうかを必ず確認してください。問題文を読んで，解説に記載されている条文・判例を思い出すことができなかった場合，正しい思考方法が身に着いていない可能性があります。解説を読んで，どのような思考方法で問題を処理すべきだったのかを確認し，自分の弱点を認識するようにしてください。

＊

以上のようなマクロな視点で思考方法を確認すると同時に，解説に記載されている判例や学説の知識があやふやな場合には，自分が用いているテキストや論証集に戻って理解を確認するようにしましょう。問題を解く過程において，知識や理解を確認することで，効率的な学習が可能になります。

＊

できなかった問題には，付箋を貼るなどして，問題を忘れた頃にもう一度チャレンジするようにしましょう。記憶が新鮮なうちに解き直してみても，記憶に頼って解答してしまっている可能性があり，本当に正しい思考方法が身に着いているのか確認できません。

解き直してみた時に，以前と同じ誤りを犯してしまっている場合には，正しい思考方法が身に着いていない証拠です。再度正しい思考方法を確認し，徹底するように意識してください。

＊

なお，解説と同じような思考方法をたどることができた時点で，その問題はクリアしたとみてよいでしょう。クリアした問題は，例えば判例の規範部分を正確に再現できなかったとしても，再度解き直してみる必要はありません。それは，論証等，個々のパーツの精度を上げれば解消できる問題であって，思考方法そのものは正しく身に着いているからです。思考方法が正しく身に着いていれば，何度解き直しても同じような解答を導き出すことができます。

# 本書の見方

## 第1問

①甲組合は，A，B及びC（以下「Aら」という。）の3人を構成員とし，Aらが共有している乙不動産を管理している民法上の組合であり，②Aを業務執行組合員として，その業務執行に必要な一切の裁判外及び裁判上の行為をすることができる旨の規約を設けている。

ある日，甲組合に対して，Dが乙不動産は自己の物であると主張してきたため，甲組合は，Dを被告として，乙不動産の所有権確認訴訟を提起しようとしている。

以上の事案について，③(a)甲組合が当事者として訴訟追行をすること，④(b)Aが当事者として訴訟追行することの可否について，論じなさい。

冒頭の問題文には，○数字と下線を付しています。筆者がどのように問題文を解析しているかが分かり，自然と正しい思考方法が身に着くようになります。

### 出題論点

・民法上の組合の当事者能力……B
・明文なき任意的訴訟担当の可否……A

問題となる出題論点の重要度を，重要度の高い順にA～C※で表しています。論点ランクは，姉妹書『合格論証集』と同一です。

### 問題処理のポイント

本問は，当事者に関する理解を問う問題です。

この分野は，判例の立場が必ずしも明確でなく，学説の対立が激しいこと，実体法上の議論が混在していること等の理由から，非常に難解に感じる受験生も多いことでしょう。

この分野の議論をおおざっぱに分ければ，当事者能力と当事者適格に関する問題があります。前者についてはどのような要件が認められれば当事者能力が認められるのか，後者については，団体に当事者適格を認め……合わせて修正するのかしないのか，という点を頭に……アになるでしょう。本問の「答案作成の過程」もそ……い。

なお，本問では扱っていない問題として，いわゆ……すので，各自のテキストで確認しておいてくださ……

2

### 答案作成の過程

**1** ③(a)甲組合が当事者として訴訟を追行する場合

1　当事者能力

③甲組合が当事者として訴訟を追行する，つまり甲組合が原告となるためには，まず当事者能力が認められなければなりません。当事者能力について，民事訴訟法は，「当事者能力……は，この法律に特別の定めがある場合を除き，民法……その他の法令に従う。」として，民法の権利能力を基準として定められることを規定しています（28条）。

①甲組合は，民法上の組合であるところ，民法上の組合は契約にすぎないため，これには権利能力が認められません。そのため，原則として当事者能力を認めることができません。

しかし，29条は，「法人でない社団又は財団で代表者又は管理人の定めがあるものは，その名において訴え，又は訴えられることができる。」と定めています。

そこで，甲組合が，「法人でない社団又は財団で代表者又は管理人の定めがあるもの」に当たるのであれば，**29条によって当事者能力を認めることができます**。

この点について，判例は，民法上の組合も「社団」に含まれるという解釈をとっています（最判昭37.12.18【百選9】）。

では，「社団」に当たるためには，どのような要件が必要なのでしょうか。

この点について，最高裁は，権利能力なき社団の要件につき，「団体としての組織をそなえ，そこには多数決の原則が行なわれ，構成員の変更にもかかわらず団体そのものが存続し，しかしてその組織によって代表の方法，総会の運営，財産の管理その他団体としての主要な点が確定しているもの」と判示しています（最判昭39.10.15）。その後，判例は，これが29条の「社団」の要件としても妥当する旨を明らかにしています（最判昭42.10.19【百選8】）。

これらの要件が民法上の組合にも必要となるのかについて学説上争いがありますが，現在では，この点について肯定的に解するのが一般的です。

本問では，これらの要件が満たされるのか，問題文の事情から明らかではありませんが，満たされる場合には，甲組合に当事者能力が認められることになります。

なお，本問に直接の関係はありませんが，前掲最判昭39.10.15，最判昭42.10.19【百選8】は，「社団」に当たるための要件として，「財産の管理その他団体としての主要な点が確定している」ことを要求しています。そこで，「社団」に当たるための要件として財産的独立性が必要か否かが争われたことがあります。この点について，判例は，「民訴法29条にいう『法人でない社団』に当たるというためには，団体としての組織を備え，多数決の原則が行われ，構成員の変更にかかわらず団体そのものが存続し，その組織において代表の方法，総会の運営，財産の管理そ

I 訴訟関係者▼第1問

3

解説中，重要論点は色太字で表しています。また，重要判例や結論部分には下線を付しています。

※論点ランクのA～Cについて

A：頻出の論点。規範と理由付け（2つ以上）をしっかりと押さえ，問題に応じて，長短自在に操れるようになるべき

B：Aランクに比べれば，出題頻度が下がる論点。規範と理由付け1つを押さえておけば十分

C：時間がなければ飛ばしても良い

本書掲載の論点は，重要なものを厳選していますが，皆さんの可処分時間に応じて，ランクに基づいた柔軟な学習をしてください。

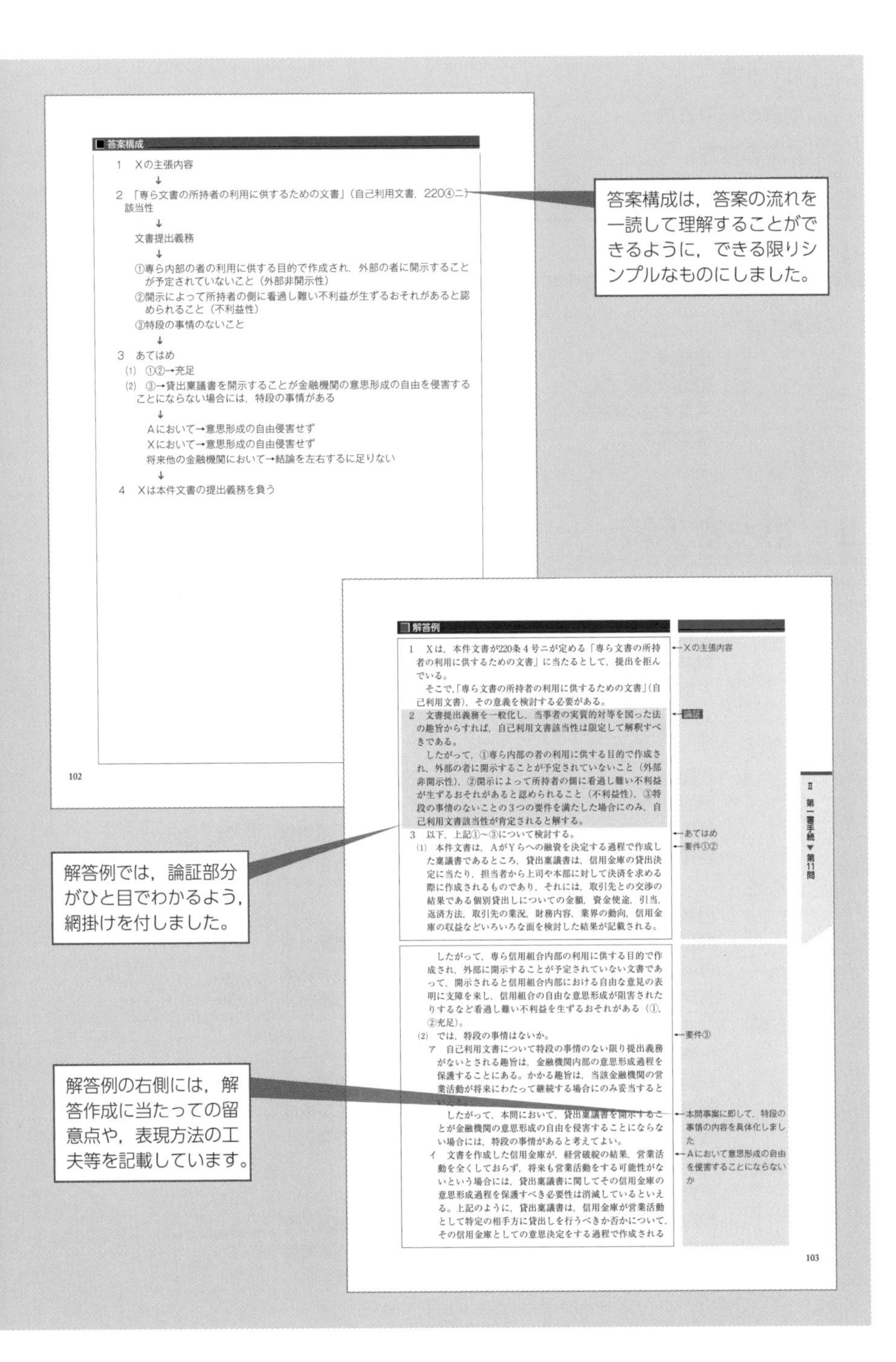

■答案構成

1　Xの主張内容

↓

2「専ら文書の所持者の利用に供するための文書」（自己利用文書，220④ニ）該当性

↓

文書提出義務

↓

①専ら内部の者の利用に供する目的で作成され，外部の者に開示することが予定されていないこと（外部非開示性）

②開示によって所持者の側に看過し難い不利益が生ずるおそれがあると認められること（不利益性）

③特段の事情のないこと

↓

3　あてはめ

(1)　①②→充足

(2)　③→貸出稟議書を開示することが金融機関の意思形成の自由を侵害することにならない場合には，特段の事情がある

↓

Aにおいて→意思形成の自由侵害せず

Xにおいて→意思形成の自由侵害せず

将来他の金融機関において→結論を左右するに足りない

↓

4　Xは本件文書の提出義務を負う

102

■解答例

1　Xは，本件文書が220条4号ニが定める「専ら文書の所持者の利用に供するための文書」に当たるとして，提出を拒んでいる。

そこで，「専ら文書の所持者の利用に供するための文書」（自己利用文書），その意義を検討する必要がある。

2　文書提出義務を一般化し，当事者の実質的対等を図った法の趣旨からすれば，自己利用文書該当性は限定して解釈すべきである。

したがって，①専ら内部の者の利用に供する目的で作成され，外部の者に開示することが予定されていないこと（外部非開示性），②開示によって所持者の側に看過し難い不利益が生ずるおそれがあると認められること（不利益性），③特段の事情のないことの3つの要件を満たした場合にのみ，自己利用文書該当性が肯定されると解する。

3　以下，上記①～③について検討する。

(1)　本件文書は，AがYらへの融資を決定する過程で作成した稟議書であるところ，貸出稟議書は，信用金庫の貸出決定に当たり，担当者から上司や本部に対して決済を求める際に作成されるものであり，それには，取引先との交渉の結果である個別貸出しについての金額，資金使途，引当，返済方法，取引先の業況，財務内容，業界の動向，信用金庫の収益などいろいろな面を検討した結果が記載される。

したがって，専ら信用組合内部の利用に供する目的で作成され，外部に開示することが予定されていない文書であって，開示されると信用組合内部における自由な意見の表明に支障を来し，信用組合の自由な意思形成が阻害されたりするなど看過し難い不利益を生ずるおそれがある（①，②充足）。

(2)　では，特段の事情はないか。

ア　自己利用文書について特段の事情のない限り提出義務がないとされる趣旨は，金融機関内部の意思形成過程を保護することにある。かかる趣旨は，当該金融機関の営業活動が将来にわたって継続する場合にのみ妥当するといえる。

したがって，本問において，貸出稟議書を開示することが金融機関の意思形成の自由を侵害することにならない場合には，特段の事情があると考えてよい。

イ　文書を作成した信用金庫が，経営破綻の結果，営業活動を全くしておらず，将来も営業活動をする可能性がないという場合には，貸出稟議書に関してその信用金庫の意思形成過程を保護すべき必要性は消滅しているといえる。上記のように，貸出稟議書は，信用金庫が営業活動として特定の相手方に貸出しを行うべきか否かについて，その信用金庫としての意思決定をする過程で作成される

←Xの主張内容

←論証

←あてはめ

←要件①②

←要件③

←本問事案に即して，特段の事情の内容を具体化しました

←Aにおいて意思形成の自由を侵害することにならないか

Ⅱ 第一審手続▼第11問

103

# 目　次



# I　訴訟関係者



# II　第一審手続

## Ⅲ　上訴・再審

# 本書収録問題一覧

## 第1問

甲組合は，A，B及びC（以下「Aら」という。）の3人を構成員とし，Aらが共有している乙不動産を管理している民法上の組合であり，Aを業務執行組合員として，その業務執行に必要な一切の裁判外及び裁判上の行為をすることができる旨の規約を設けている。

ある日，甲組合に対して，Dが乙不動産は自己の物であると主張してきたため，甲組合は，Dを被告として，乙不動産の所有権確認訴訟を提起しようとしている。

以上の事案について，(a)甲組合が当事者として訴訟追行をすること，(b)Aが当事者として訴訟追行することの可否について，論じなさい。

## 第2問

Xは，Yを相手方として，X所有の甲土地とY所有の乙土地との境界は，下図のイロ各点を結ぶ直線であると主張して，甲乙両土地の境界確定を求める訴えを提起した。

Yは本案前の抗弁として，境界がX主張のイロの各点を結ぶ直線であって，下図のイロハニの各点を結ぶ直線内の土地部分（以下「本件係争地」という。）がXの所有地の一部であったとしても，Yが，時効により本件係争地の所有権を取得した結果，XがYを相手方として甲土地と乙土地の境界確定を求める本件訴えは，Yが所有する土地の内部の境界の確定を求める訴えに帰することになるから，本件訴えは却下されるべきである，と主張した。

⑴ 審理の結果，裁判所は，⒜境界はイロの各点を結ぶ直線であるが，⒝本件係争地はYが時効により取得しているとの心証を得た。この場合，裁判所はいかなる判決をすべきか。

⑵ 小問⑴と異なり，裁判所は，⒞境界はイロの各点を結ぶ直線であるが，⒟甲土地の全部につきYに取得時効が成立しているとの心証を得た。この場合，裁判所はいかなる判決をすべきか。なお，本件ではYは本案前の抗弁として上記のとおり本件係争地の時効取得に加え，甲土地全体の時効取得をも主張していたものとする。

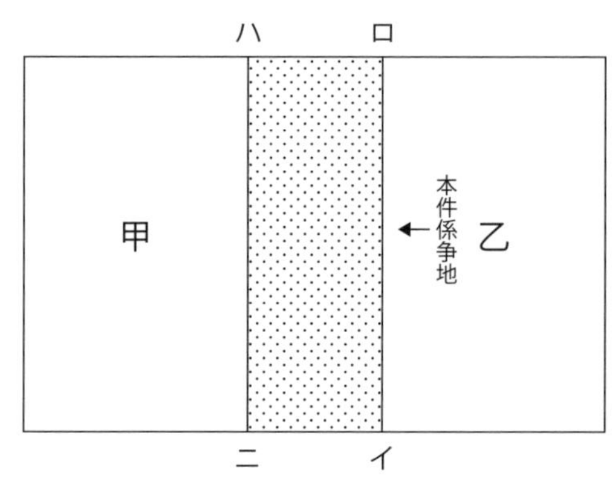

## 第3問

Xは，Yに対して，甲建物を貸していたが，甲建物を取り壊して新たにマンションを建築することを計画した。そこで，Xは，Yに対して，甲建物の賃貸借の解約の申入れをした上で，甲建物の明渡請求訴訟を提起した。

Xは，訴訟において，甲建物の老朽化等の正当事由を主張し，また立退料を100万円であれば支払ってもよいと主張した。

受訴裁判所が，300万円の支払と引換えであれば，正当事由が認められるとの心証を抱いた場合，いかなる判決を下すべきであるかについて，論じなさい。

## 第4問

甲は，乙からの300万円の借受金債務の残額が130万円であると主張し，乙に対して，上記借受金債務は130万円を超えては存在しないことの確認を求める訴えを提起した。

裁判所が審理の結果，次の判決を言い渡したとして，その判決について論ぜよ。

1　甲の乙に対する債務の残額が200万円であると認め，「原告の請求を棄却する。」との判決。

2　甲の乙に対する債務の残額が100万円であると認め，「借受金債務は100万円を超えては存在しないことを確認する。」との判決。

（旧司法試験　昭和61年度第１問）

## 第5問

商社であるX社は，運送業を営むY社との間で継続的に取引をしていたところ，近年Y社の地上運送部門に勤務する運送人の質が低下しており，運搬中の荷物を横領する事件が多発した。

かかる不祥事によってX社は総額1億円の損失を被ったため，Y社に対し，債務不履行に基づく損害賠償として，1億円のうちの一部であることを明示した上で，4000万円の支払を求める訴訟を提起した（訴訟Ⅰ）。

ところで，訴訟Ⅰが提起される2年前，経営の多角化が原因でX社の資金繰りが危ぶまれたことがあった。その窮地を救ったのが，Y社であり，その当時Y社からX社に対し，無利子で4000万円の貸付けが行われた。Y社の経営陣は，X社の経営が軌道に乗るまで返済を求めるつもりはなかったが，今回訴訟Ⅰが提起されたことをきっかけに，直ちに返済を求めるべきとの意見がY社内でも強くなった。

そのため，Y社はX社に対し，4000万円の支払を求める訴えを提起した（訴訟Ⅱ）。X社はいまだ資金繰りに余裕がなく，訴訟Ⅱが認容され，執行されることは避けたいと考えたため，訴訟Ⅰで請求している4000万円の残部に相当する6000万円部分を自働債権，訴訟Ⅱの訴求債権を受働債権として対当額で相殺する旨の抗弁を主張した。

訴訟ⅡにおけるX社の相殺の抗弁は認められるか。

## 第6問

重度の認知症であるAは，自己の所有する全財産をBに遺贈する旨の遺言を作成した後，回復の見込みがなくなり，後見開始の審判を受けた。

この遺言につき，Aの唯一の相続人であるCは，遺言無効確認の訴えを提起することができるか。Aが生存中の場合と死亡後の場合に分けて検討しなさい。

## 第7問

Xは，Zに対して，900万円を貸し付けたが，Zは無資力状態にあるため，全く返済の目処が立っていない。Xは何とかして債権を回収すべく，Zの身辺調査を行ったところ，ZがYに対して500万円の貸金債権を有していることを知った。

そこで，Xは，債権者代位権を行使して，Yに500万円の支払を求める訴訟を提起した（以下「本件訴訟」という。)。本件訴訟は適法に提起されたものとする。

一方で，Zは，本件訴訟の係属中に，Yに対して，ZがYに対して有する上記貸金債権の支払を求めて別訴を提起した。

この訴えの適法性について論じなさい。

## 第8問

貸金返還請求訴訟における被告の次の陳述の訴訟法上の問題点について説明せよ。

1 「金銭を受け取ったことはあるが，贈与を受けたものである。」との陳述

2 「金銭を受け取ったことはあるが，弁済した。」との陳述

3 原告が書証として提出した借用証書について,「署名したことを認める。」との陳述

（旧司法試験　昭和55年度第２問）

## 第9問

XはYに200万円を貸し付けていたが，返済期日を過ぎても一向に返済の目処が立たないため，Yの唯一の財産であるZに対する100万円の貸金債権を代位行使する訴訟を提起した。

その後，Xは第１回口頭弁論期日になって，訴えの取下げを申し立てたが，その翌日，Xは，受訴裁判所に対して，「前記取下げは，裁判外でZから脅迫されて行ったもので，真意に基づくものではない。」と主張し，期日指定の申立てをした。

この場合，裁判所としてはどのような措置を講ずるべきか。

## 第10問

裁判外で成立した原被告間のつぎの合意は，訴訟法上どのような効力を有するか。

1　訴えを起こさない旨の合意

2　訴えを取り下げる旨の合意

3　口頭弁論において特定の事実を争わない旨の合意

（旧司法試験　昭和48年度第２問）

## 第11問

経営が破綻したＡ信用組合（以下「Ａ」という。なお，Ａは，既に清算中であって，将来的に貸付業務等をする可能性はない。）から営業の全部を譲り受けたＸ（株式会社整理回収機構（法律の規定に基づいてＡの貸し付けた債権等の回収に当たっている者））は，Ｙらに対して貸金債権の支払等を求める本案訴訟を提起したところ，Ｙらは，ＡがＹらに対して，いわゆる利貸し（支払利息相当分の金額を新たに融資し，これを支払利息に充当すること）等の不当な融資を行ったとして，Ａに対する不法行為に基づく損害賠償請求権との相殺を主張した。

Ｙらは，この上記損害賠償請求権の存在を証明するために，Ｘの所持する貸出稟議書（以下「本件文書」という。）につき文書提出命令を申し立てた。本件文書は，Ａ信用組合で作成され，Ａ信用組合の経営破綻による営業譲渡に伴い，Ａ信用組合の貸付債権に係る文書であるとして，Ｘが所持するに至ったものである。

Ｘは，本件文書は，民事訴訟法第220条第４号ニが定める「専ら文書の所持者の利用に供するための文書」に当たるとして，提出を拒んでいる。

Ｘの主張の当否について論ぜよ。

## 第12問

Xは，Yに対して貸し付けた200万円について，100万円については返済があったが，残りの100万円については支払期限が過ぎたのに返済がなされていないとして，Yを被告として，金100万円の支払を求める貸金返還請求訴訟を提起した（以下「本件訴訟」という。）。

本件訴訟においてXは，XとYは，上記の消費貸借契約を締結した際に借用書を作成したとして，証拠として借用書（以下「本件借用書」という。）及びYの印鑑登録証明書を提出した。

Yは，Xから金を借りた事実はあるが，借りたのは100万円であって，しかも，その100万円は既に弁済済みであると反論した。

そして，Yは，本件借用書については，㋐Yが署名，押印した事実はない，㋑仮に，Yが署名，押印したものだとしても，本件借用書に記載された借用金額「¥二百万円也」の部分は，Yが署名，押印した後，元々の「¥一百万円也」の上に，Xがもう１本「一」を書き足したものであると陳述した。

証拠調べの結果，㋐の事実については，本件借用書の署名がYの自筆であるか否かは明らかでないが，本件借用書に押印されているYの印影と印鑑登録証明書の印影が同一であることが認められ，㋑の事実については，これが認められるとは断定できないが，その可能性があると判断された場合，本件借用書の形式的証拠力についてはどのように考えられるか。

【別紙】

借　用　書

平成 25 年 10 月 20 日

¥二百万円也

借用いたします。
千葉市中央区松波３―３―11　　Y ㊞

上記のとおり貸しました。
千代田区内幸町２―２　　X ㊞

## 第13問

XはYに対して，甲建物を貸し渡した（以下「本件賃貸借契約」という。）。ところが，本件賃貸借契約が期間満了により終了したにもかかわらず，Yが甲建物を立ち退かなかったので，Xは，賃貸借契約の終了に基づく建物明渡しを求めて訴えを提起した。

この訴訟の第一審係属中の，平成27年２月，ＸＹ間で，「甲建物をＸがＹに売却し，Ｙは，購入代金として400万円を支払う」との内容で，訴訟上の和解が成立した（以下「本件和解契約」という。）。しかし，Ｙは，代金の支払を怠っている。

本件和解契約を解除し，改めて甲建物の明渡しを求めたいXとしては，どのような手段をとるべきか。

## 第14問

以下の事例において，Ｙ１及びＹ２の請求が認められるか。前訴１及び前訴２の判決の効力を明らかにしつつ，論じなさい。

⑴　家主Ｘ１は，借家人Ｙ１に対して，100万円の未払賃料があると主張し，これの支払を求める訴訟を提起した（以下「前訴１」という。）。Ｙ１は，未払賃料の存在については認めたが，Ｙ１がＸ１に対して有する150万円の売掛金債権をもって相殺する旨の抗弁を提出したところ，裁判所は，150万円の売掛金債権が存在するとして，これを認め，請求棄却判決を下した。

前訴１の判決が確定した後，Ｙ１は，前訴１で相殺の抗弁に供した150万円の売掛金債権の支払を求める訴訟を提起した。

⑵　買主Ｘ２は，売主Ｙ２に対して，売買契約の目的物であるバイク（以下「本件バイク」という。）の引渡しを求めて訴えを提起した（以下「前訴２」という。）。前訴２では，売買契約の成否と共に，目的物の代金額が争点となり，裁判所は，Ｘ２・Ｙ２間では，100万円で本件バイクの売買契約が成立していたと判断し，「Ｙ２はＸ２に対し，金100万円と引換えに，本件バイクを引き渡せ」との判決を下した。

しかし，Ｙ２は，本件バイクの価格は200万円であると主張して，その支払を求める訴えを提起した。

## 第15問

Xは，Yを被告として，売買代金債権（以下「A債権」という。）の履行を求める訴えを提起した（以下「前訴」という。）。前訴では，Xの請求を認める判決が下され，これが確定した。

その後，Yは，Xを被告として，A債権の不存在確認訴訟を提起した（以下「後訴」という。）。

【設問】

Yが後訴において，以下の事実を主張したとする。Yの主張が認められる場合，裁判所は，いかなる判決を下すべきか。

1 「前訴判決の確定後に弁済した。」と主張した場合

2 「前訴判決の確定後に売買契約を詐欺を理由に取り消した。」と主張した場合

## 第16問

原告を甲，被告を乙とする土地所有権確認請求訴訟をA訴訟とし，乙から甲に対する同一土地の所有権確認の訴えをBの訴えとするとき，

(1) A訴訟の係属中に別訴として起こされたBの訴え

(2) A訴訟の係属中に反訴として起こされたBの訴え

(3) A訴訟につき甲の請求を認容する判決が確定した後に起こされたBの訴え

は，それぞれ適法か。

（旧司法試験　昭和51年度第2問）

## 第17問

Ｘ１とＸ２が交差点を横断しようとしていたところ，Ｙが運転するトラックにはねられ，それぞれが重傷を負った。そこで，Ｘ１とＸ２は，共同でＹに対して不法行為に基づく損害賠償請求の訴えを提起した。

Ｙは，事故当時，Ｘらは赤信号を無視して横断していたと主張した。

以上の事実を前提として，以下の問いに答えなさい。

⑴　Ｘ１は，口頭弁論において，Ｙの主張するとおりである旨を陳述し，また，Ｘ１の当事者尋問でも同様の証言をした。Ｘ１が行ったこの陳述及び証言は，訴訟上どのような意味をもつか。

⑵　Ｘ１は，口頭弁論において，Ｘらが交差点を横断した際，信号は青だったと陳述した。また，Ｘ１は，当事者尋問でも同様の証言をした。

Ｘ１が行ったこの陳述及び証言は，共同訴訟人であるＸ２にとって，訴訟上どのような意味をもつか。

## 第18問

Ｘ１，Ｘ２，Ｘ３はいずれもＡ社の株主であるが，取締役ＹがＡ社の一部の大口顧客に対して証券取引等に関して生じた損失を違法に補填したことにより，Ａ社は多大な損害を受けたとして，Ｙを相手取りＡ社への損害賠償を求める株主代表訴訟を提起した。第一審ではＸらが敗訴した。

Ｘ１，Ｘ２のみが控訴を申し立てたところ，控訴審裁判所はＸ１，Ｘ２のみを控訴人として表示し，第一審判決とほぼ同様の理由により，控訴を棄却する判決を下した。

以上の事案における訴訟法上の問題点について論ぜよ。

## 第19問

Ｘは，Ｙに対し，甲土地の所有権確認の訴えを提起した。この訴訟の第一審係属中，Ｚは，甲土地は自己の所有する不動産であると主張して，ＸとＹに対して甲土地が自己の所有であることの確認を求めて独立当事者参加を申し立てた。

次の各問いについて答えよ。なお，各問いは，独立した問いである。

1　Ｚの申立ては認められるか。

2　Ｚの申立てが認められ，第一審ではＸのＹに対する請求を棄却し，ＺのＸ及びＹに対する各請求を認容する判決が下されたが，この判決に対してＹのみが控訴した。控訴裁判所が，甲土地はＹの所有に属するとの心証を抱いた場合，控訴裁判所はどのような判決を下すべきか。

　なお，Ｘは，附帯控訴もしていないものとする。

## 第20問

Xは，Aの相続人であるが，Aは，生前，Yに対して，600万円の貸金返還請求権を有していた。Aの相続人には，Xのほかにも２名いたため，Xは，Yを被告として，法定相続分である３分の１に相当する200万円の支払を求める訴えを提起した。

その後，Aの相続人のうちの１名が相続放棄をしたため，Xの相続分は300万円になり，Xもそのことを認識していたが，請求の拡張をすることや200万円が債権の一部であることの主張を失念していた。この訴訟において，Yは主位的に弁済の抗弁を，予備的に消滅時効の抗弁を主張している。

以上の事実関係を前提として，以下の各小問について解答しなさい。各小問は，それぞれ独立した問いである。

(1) 受訴裁判所は，Yによる消滅時効の抗弁を認め，請求棄却判決を下した。これに対して，Yは，弁済の抗弁が認められるべきであると主張して，控訴を提起することができるかについて，論じなさい。

(2) 受訴裁判所は，Yの抗弁を排斥し，Xの請求を全額認容する旨の判決を下した。これに対して，Xは，300万円の支払を求めて，控訴することができるか。

(3) 証拠調べの結果，Yは，上記各抗弁が認められる可能性が少ないと判断し，YがXに対して有する200万円の債権を用いて，対当額で相殺する旨の抗弁を提出した。受訴裁判所は，弁済の抗弁・消滅時効の抗弁を排斥しつつ，X及びYの債権がいずれも認められるとして，相殺の抗弁を容れ，請求棄却判決を下した。これに対して，Yは，控訴を提起することができるかについて，論じなさい。

# I　訴訟関係者

# 第1問

①甲組合は，Ａ，Ｂ及びＣ（以下「Ａら」という。）の３人を構成員とし，Ａらが共有している乙不動産を管理している民法上の組合であり，②Ａを業務執行組合員として，その業務執行に必要な一切の裁判外及び裁判上の行為をすることができる旨の規約を設けている。

ある日，甲組合に対して，Ｄが乙不動産は自己の物であると主張してきたため，甲組合は，Ｄを被告として，乙不動産の所有権確認訴訟を提起しようとしている。

以上の事案について，③(a)甲組合が当事者として訴訟追行をすること，④(b)Ａが当事者として訴訟追行することの可否について，論じなさい。

## 出題論点

・民法上の組合の当事者能力……………………………………………B
・明文なき任意的訴訟担当の可否………………………………………A

## 問題処理のポイント

本問は，当事者に関する理解を問う問題です。

この分野は，判例の立場が必ずしも明確でなく，学説の対立が激しいこと，実体法上の議論が混在していること等の理由から，非常に難解に感じる受験生も多いことでしょう。

この分野の議論をおおざっぱに分ければ，当事者能力と当事者適格に関する問題があります。前者についてはどのような要件が認められれば当事者能力が認められるのか，後者については，団体に当事者適格を認めるため，実体法の側を訴訟法に合わせて修正するのかしないのか，という点を頭において学習すると，理解がクリアになるでしょう。本問の「答案作成の過程」もそのような目で読んでみてください。

なお，本問では扱っていない問題として，いわゆる当事者の確定の問題がありますので，各自のテキストで確認しておいてください。

## 1 ③ⓐ甲組合が当事者として訴訟を追行する場合

### 1 当事者能力

③甲組合が当事者として訴訟を追行する，つまり甲組合が原告となるためには，まず当事者能力が認められなければなりません。当事者能力について，民事訴訟法は，「当事者能力……は，この法律に特別の定めがある場合を除き，民法……その他の法令に従う。」として，民法の権利能力を基準として定められることを規定しています（28条）。

①甲組合は，民法上の組合であるところ，民法上の組合は契約にすぎないため，これには権利能力が認められません。そのため，原則として当事者能力を認めることができません。

しかし，29条は，「法人でない社団又は財団で代表者又は管理人の定めがあるものは，その名において訴え，又は訴えられることができる。」と定めています。

そこで，甲組合が，「法人でない社団又は財団で代表者又は管理人の定めがあるもの」に当たるのであれば，29条によって当事者能力を認めることができます。

この点について，判例は，民法上の組合も「社団」に含まれるという解釈をとっています（最判昭37.12.18【百選９】）。

では，「社団」に当たるためには，どのような要件が必要なのでしょうか。

この点について，最高裁は，権利能力なき社団の要件につき，「団体としての組織をそなえ，そこには多数決の原則が行なわれ，構成員の変更にもかかわらず団体そのものが存続し，しかしてその組織によって代表の方法，総会の運営，財産の管理その他団体としての主要な点が確定しているもの」と判示しています（最判昭39.10.15）。その後，判例は，これが29条の「社団」の要件としても妥当する旨を明らかにしています（最判昭42.10.19【百選８】）。

これらの要件が民法上の組合にも必要となるのかについて学説上争いがありますが，現在では，この点について肯定的に解するのが一般的です。

本問では，これらの要件が満たされるのか，問題文の事情から明らかではありませんが，満たされる場合には，甲組合に当事者能力が認められることになります。

なお，本問に直接の関係はありませんが，前掲最判昭39.10.15，最判昭42.10.19【百選８】は，「社団」に当たるための要件として，「財産の管理その他団体としての主要な点が確定している」ことを要求しています。そこで，「社団」に当たるための要件として財産的独立性が必要か否かが争われたことがあります。この点について，判例は，「民訴法29条にいう『法人でない社団』に当たるというためには，団体としての組織を備え，多数決の原則が行われ，構成員の変更にかかわらず団体そのものが存続し，その組織において代表の方法，総会の運営，財産の管理その他団体としての主要な点が確定していなければならない（最高裁昭和……39年10月15日……判決……参照）。これらのうち，財産的側面についていえば，必ずしも固定資産ないし基本的財産を有することは不可欠の要件ではなく，そのような資産を有していなくても，団体として，内部的に運営され，対外的に活動するのに必要な収入を得る仕組みが確保され，かつ，その収支を管理する体制が備わっているなど，他の諸事情と併せ，総合的に観察して，同条にいう『法人でない社団』として当事者能力が認められる場合があるというべきである。」と判示し，必ずしも財産的独立性が要件として必要となるわけではない旨を明らかにしました（最判平14.6.7）。

**2**　当事者適格

仮に，甲組合に当事者能力が認められたとしても，甲組合に当事者適格（原告適格）が認められなければ，甲組合が当事者として訴訟を追行することはできません。

そこで，次に，甲組合に当事者適格が認められるか検討する必要があります。

結論的に「社団」に当事者適格を認めないという見解はほとんど見当たりませんが，ただ，その理論構成については，学説上複雑な対立があります。判例の立場は明確ではありませんが，団体を訴訟担当として当事者適格を肯定する立場であると解されています（入会団体の事案について，最判平6.5.31【百選11】。ただし，最判平26.2.27【百選10】の調査官解説では，「これまでの判例が訴訟担当構成を採用したものと断ずるには，慎重な検討が必要であるように思われる」と指摘されています。）。ただ，この訴訟担当が法定訴訟担当なのか，任意的訴訟担当なのかはさらに学説上争いがあります。

仮に，この立場に立てば，甲組合は，訴訟担当として当事者適格も認められることになります。

なお，このような訴訟担当構成が民法上の組合についても妥当するのか，という点には学説上疑問が呈されています。民法上の組合に対する債権者が民法上の組合を被告とする訴訟で給付判決を得た場合であっても，組合員は自己の固有財産に対して権利行使をされる局面で，民法上の組合がそもそも債務を負わないという主張をすることを認められるべきところ，組合（団体）を訴訟担当として構成してしまうと，組合員に組合を被告とする訴訟の既判力が及んでしまうため（115条１項２号），そのような主張を認めることができなくなってしまうおそれがあるからです。

**3**　結論

以上から，甲組合に当事者能力が認められれば，③甲組合が当事者として訴訟追行をすることができます。

## 2 ④(b)Aが当事者として訴訟を追行する場合

**1** 訴訟担当

乙不動産は，Aらが共有している物ですので，その所有権を確認しようとすると，B・Cも原告に加えなければなりません（共有物に関する共有権確認訴訟は，固有必要的共同訴訟となると解するのが判例です（最判昭46.10.7【百選A31】)。)。

もっとも，B・Cから，訴訟担当者として選定されれば，Aが当事者適格（原告適格）を有することになります。

そこで，以下，Aが訴訟担当となる方法について検討していきましょう。

**2** 選定当事者（30条）

まず，1つの方法として，選定当事者の制度を用いることが考えられます。

しかし，選定当事者の制度は，「共同の利益を有する多数の者で前条（筆者注：29条）の規定に該当しないもの」（30条1項）であることが要件となっています。

上記のように，甲組合には，当事者能力が認められる場合がありますので，この場合には選定当事者の制度を用いることができません（なお，学説上は，29条の「社団」を形成しているかどうかの判断は困難なことが多いので，29条の要件を満たす場合でも，選定当事者の制度の利用を認めるものがありますが，あまりに条文の文言を軽視するものであって，妥当とは言い難いでしょう。)。

**3** 明文なき任意的訴訟担当の可否

(1) 最大判昭45.11.11【百選13】（以下「昭和45年判決」といいます。）

そこで，明文はないものの，任意的訴訟担当として認めることができないか，問題となります。

この点について判例は，「いわゆる任意的訴訟信託については，民訴法上は，同法47条（筆者注：現30条1項・2項・4項）が一定の要件と形式のもとに選定当事者の制度を設けこれを許容しているのであるから，通常はこの手続によるべきものではあるが，同条は，任意的な訴訟信託が許容される原則的な場合を示すにとどまり，同条の手続による以外には，任意的訴訟信託は許されないと解すべきではない。すなわち，任意的訴訟信託は，民訴法が訴訟代理人を原則として弁護士に限り，また，信託法11条（筆者注：現10条）が訴訟行為を為さしめることを主たる目的とする信託を禁止している趣旨に照らし，一般に無制限にこれを許容することはできないが，当該訴訟信託がこのような制限を回避，潜脱するおそれがなく，かつ，これを認める合理的必要がある場合には許容するに妨げないと解すべきである。

そして，民法上の組合において，組合規約に基づいて，業務執行組合員に自己の名で組合財産を管理し，組合財産に関する訴訟を追行する権限が授与されている場合には，単に訴訟追行権のみが授与されたものではなく，実体上の管理権，対外的業務執行権とともに訴訟追行権が授与されているのであるから，業務執行組合員に対する組合員のこのような任意的訴訟信託は，弁護士代理の原則を回避し，または信託法11条の制限を潜脱するものとはいえず，特段の事情のないかぎり，合理的必要を欠くものとはいえないのであって，民訴法47条による選定手続によらなくても，これを許容して妨げないと解すべきである。」と述べています（昭和45年判決，下線は筆者が付したもの）。

なお,「合理的必要」性の要件の位置付けについては，学説上争いがあります。昭和45年判決のあてはめを見る限り，当該訴訟信託がこのような制限を回避，潜脱するおそれがないことと,「合理的必要」性の要件は一体的に判断されており，後者が前者の中に埋没してしまっているように感じられます。下級審判例には，担当者と被担当者との間に「社会的，経済的に一体のものとみるべき特別の関係」がない限り「合理的必要を欠」くと判示したものもあります（東京高判平8.3.25)。この点は，今後の判例の集積に委ねられているといえるでしょう。

(2) 本問へのあてはめ

昭和45年判決の事案では，組合の規約上，業務執行組合員に訴訟追行を任せる旨の規定はなかったのですが，同判決の原審は,「控訴人（筆者注：業務執行組合員）は組合規約によって，組合代表者として，自己の名で前記の請負代金の請求，受領，組合財産の管理等の対外的業務を執行する権限を与えられているのであるから，控訴人は，自己の名で……損害賠償請求権を行使し，必要とあれば，自己の名で訴訟上これを行使する権限，すなわち訴訟追行権をも与えられたものというべき」であると認定しています。

これに対して，本問では，甲組合の規約において，②「その業務執行に必要な一切の裁判外及び裁判上の行為をすることができる」と定められているので，訴訟追行権は，規約上業務執行組合員であるＡに与えられているということができます。

したがって，同判決に従えば，任意的訴訟担当としてＡに当事者適格（原告適格）を認めることができるでしょう。

**4 結論**

以上から，④Ａは，当事者として訴訟追行することができます。

## 3 補足

以上のように，甲組合が当事者として訴訟追行をすること（要件を満たす場合),Ａが当事者として訴訟追行をすること共に認められますが，この２つの構成についても学説上議論があります。

学説の中には，判例が明文なき任意的訴訟担当を認めたことによって，組合自身を当事者とする構成の意義は大幅に減少したとみる見解もありますが，一般的には，２つの構成は併存するものと解されています。

■答案構成

第１　(a)甲組合が原告として訴訟追行する方法について

１　民法上の組合は権利能力を有せず，原則として当事者能力が認められない(28)

↓　もっとも

組合が「社団」(29) に含まれれば，例外的に当事者能力が認められる

↓

２　民法上の組合の当事者能力

肯定説

要件：①団体としての組織を備えていること，②多数決の原則が行われていること，③構成員の変動が団体の存続に影響を与えないこと，④団体として主要な点（代表の方法，総会の運営，財産の管理等）が確定していること

↓

あてはめ

３　当事者適格も肯定

４　当事者として訴訟追行可

第２　(b)Ａが原告として訴訟追行する方法について

１　Ａに単独で当事者適格が認められる必要あり

２　選定当事者制度（30）

→要件不充足

３　任意的訴訟担当

↓

明文なき任意的訴訟担当の可否

①弁護士代理等の制限を潜脱するおそれがなく，②訴訟担当を認める合理的必要性があること

↓

あてはめ

## ■解答例

第1 (a)甲組合が原告として訴訟追行する方法について

1 甲組合が原告となるためには，民法上の組合に当事者能力が認められる必要がある。ところが，民法上の組合は権利能力を有せず，原則として当事者能力が認められない（28条）。もっとも，組合が「社団」（29条）に含まれれば，例外的に当事者能力が認められるが，「社団」の意義は条文上明らかではない。

そこで，組合が「社団」に含まれるか，問題となる。

2(1) 29条の趣旨は，民法上権利能力がなくても，独立の財産を有して社会活動を行っており，私法上の紛争主体となり得る者について，紛争解決という見地から当事者能力を認める点にある。そうだとすれば，民法上の組合も一応独立の財産を有して（民法676条，677条参照）社会活動を行っており，私法上の紛争主体となり得るのだから，権利能力なき社団と民法上の組合を区別する必要はない。

したがって，民法上の組合も団体としての実質が認められ，かつ「代表者又は管理人の定めがある」場合には，「社団」に含まれると解すべきである。

(2) 本問では，組合規約でAを業務執行組合員とし，包括的管理権を与えていることから，甲組合にはAを「代表者」とする「定め」があるといえる。

では，甲組合には，団体としての実体も認められるか。

←(a)甲組合が原告として訴訟追行する方法について

←組合が「社団」に当たるか

←論証

←代表者の定め

←団体としての実体

団体としての実体が認められるためには，①団体としての組織を備えていること，②多数決の原則が行われていること，③構成員の変動が団体の存続に影響を与えないこと，④団体として主要な点（代表の方法，総会の運営，財産の管理等）が確定していることが必要である。

本問では，明らかではないが，上記の点が認められ，団体としての実体を有する場合には，甲組合に当事者能力が認められる。

3 ただし，組合に限らず法人格を有しない社団は実体法上権利能力を有しないから，当事者能力が認められた場合であっても，実体法上の権利能力まで取得するものではない。そのため，当事者適格が認められないのではないかとも思われる。

しかし，「社団」に当たる団体は，任意的訴訟担当の地位に就くものと解すべきである。任意的訴訟担当は，下記のように，弊害が生じるおそれがなく，合理的必要性がある場合に認められるが，この場合には，組合は組合員の利益を図るべく構成されているものといえること，組合員それぞれに訴訟追行をさせることよりも便宜といえることから，その要件を満たすと考えてよい。

4 以上から，甲組合は当事者として訴訟追行できる。

第2 (b)Aが原告として訴訟追行する方法について

1 Aは，自然人であるから，権利能力を有し，当事者能力を

←論証

←規範

←問題文の事情から明らかではないため，この程度にとどめておきました

←当事者適格

←任意的訴訟担当とみる見解で論じておきました

←(b)Aが原告として訴訟追行する方法について

有することは明らかであるが，この方法をとるためにはAに単独で当事者適格が認められる必要がある。

2　まず，明文ある任意的訴訟担当である選定当事者制度（30条）を利用して，Aを単独で原告とする方法が考えられる。しかし，30条1項は「前条の規定に該当しないもの」を要件としており，甲組合に29条の適用がある場合には，この方法によることはできない。

←選定当事者制度

3(1)　次に，本問規約を根拠に任意的訴訟担当としてAが単独で原告として訴訟追行することが考えられるが，かかる任意的訴訟担当には明文の規定がない。そこで，明文なき任意的訴訟担当の肯否が問題となる。

←明文なき任意的訴訟担当の可否

任意的訴訟担当を無制限に認めると，法が弁護士代理の原則（54条1項），訴訟信託の禁止（信託法10条）により，三百代言の跳梁による訴訟の混乱，及び依頼者の利益が害されることを防止しようとした趣旨が害されるおそれがある。そうだとすれば，この趣旨に反しないならば明文なき任意的訴訟担当を認めてよいと考える。

具体的には，①弁護士代理等の制限を潜脱するおそれがなく，②訴訟担当を認める合理的必要性がある場合には，明文なき訴訟担当も認められる。

←論証

(2)　本問では，Aは甲組合の規約により，その業務執行に必要な一切の裁判外及び裁判上の行為をすることができるとされている。

←あてはめ

このような場合には，単に訴訟追行権のみが授与されたものではなく，実体上の管理権，対外的業務執行権とともに訴訟追行権が授与されているのであるから，特段の事情がない限り，①弁護士代理等の制限を潜脱するおそれがなく，②訴訟担当を認める合理的必要性を欠くともいえない。

(3)　以上から，特段の事情がない限り，甲組合の代表者たるAは任意的訴訟担当として単独で原告となって訴訟追行することができる。

以　上

## ● 合格者の問題メモ

甲組合は，A，B及びC（以下「Aら」という。）の３人を構成員とし，Aらが共有している乙不動産を管理している民法上の組合であり，Aを業務執行組合員として，その業務執行に必要な一切の裁判外及び裁判上の行為をすることができる旨の規約を設けている。

ある日，甲組合に対して，Dが乙不動産は自己の物であると主張してきたため，甲組合は，Dを被告として，乙不動産の所有権確認訴訟を提起しようとしている。

以上の事案について，(a)甲組合が当事者として訴訟追行をすること，(b)Aが当事者として訴訟追行することの可否について，論じなさい。

## ● 合格者の答案構成

1. (a)について

(1) 民法上の組合、当事者能力なし（28条）

(2) 29条

2. (b)について

(1) 30条

(2) 明文なき〜

## ◯ 合格者の答案例

1 (a)について

(1) 民法上の組合には、原則として当事者能力は認められていない(28条)。もっとも、「法人でない社団」(29条)として、当事者能力が認められないか。

(2) 28条の趣旨は、独立した団体に当事者能力を認め、訴訟追行をさせることで、便宜を図るという点にある。かかる趣旨からすれば、①指揮系統が確立されており、②構成員の選任の方法も確立されていること、及び、③一定の財産を有するといえる場合には、独立した団体といえ、「法人でない社団」に当たると解する。

(3) 本問においてみるに、甲組合は、Aを業務執行組合員として、その業務執行に必要な一切の裁判外及び裁判上の行為をすることができる旨の規約を設けていることから、指揮系統が確立されているといえる(①)。また乙不動産を管理していることから一定の財産を有する(③)。そのため、②構成員の選任の方法が確立されている場合には、「法人でない社団」として甲組合に、当事者能力が認められ、訴訟追行することができる。

2. (b)について

(1). Aは選定当事者として訴訟追行することができないか(30条1項)。

ア 甲組合が「法人でない社団」に該当する場合

かかる場合は、「前条の規定に該当しない」とはいえず、選定当事者制度を利用することはできない。

イ. 甲組合が「法人でない社団」に該当しない場合

30条の趣旨は、攻撃防御方法が主要な点において共通するような場合には、訴訟を統一して審理する方が効率的であるという点にある。

そこで、①共同訴訟人となり得る関係があり(38条)、②主要な攻撃防御方法が共通している場合には、「共同の利益を有する」として、選定当事者制度を利用することができると解する。

本問においてみるに、「訴訟の目的である権利」は、乙不動産の所有権であるところ、かかる権利は、A、B、Cに共通している。そのため、共同訴訟人となり得る関係がある(①)。そして、A・B・Cは、乙不動産に対する利害関係が共通であるから、主要な攻撃防御方法も共通である(②)。

よって、上記場合には、Aは、選定当事者として訴訟追行することができる。

(2). Aは、明文なき任意的訴訟担当として、訴訟追行することができないか。

弁護士代理の原則や訴訟信託禁止の趣旨は、当事者の利益保護を図り、もって訴訟制度の健全な運営を図る点にある。

そこで、かかる趣旨に反しない場合、具体的には、当事者の利益に反しないこと、及び、明文なき任意的訴訟担当を認める必要性がある場合には、認められると解する。
　本問においてみるに、Aには、裁判上の行為、裁判外の行為一切をすることができるため、甲組合の内情に精通しているといえる。とすれば、かかるAに訴訟を担当させても、~~当事者~~のB.Cの利益を害するとはいえない。また、内情に精通しているAに訴訟追行させることは、充実した訴訟を行うために必要であり、かつ訴訟経済的にも合理的である。
　よって、明文なき任意的訴訟担当として、Aは訴訟追行することができる。

以上

67
68
69
70
71
72
73
74
75
76
77
78
79
80
81
82
83
84
85
86
87
88

# Ⅱ　第一審手続

# 第2問

①Xは，Yを相手方として，X所有の甲土地とY所有の乙土地との境界は，下図のイロ各点を結ぶ直線であると主張して，甲乙両土地の境界確定を求める訴えを提起した。

Yは本案前の抗弁として，境界がX主張のイロの各点を結ぶ直線であって，下図のイロハニの各点を結ぶ直線内の土地部分（以下「本件係争地」という。）がXの所有地の一部であったとしても，②Yが，時効により本件係争地の所有権を取得した結果，XがYを相手方として甲土地と乙土地の境界確定を求める本件訴えは，Yが所有する土地の内部の境界の確定を求める訴えに帰することになるから，本件訴えは却下されるべきである，と主張した。

(1) 審理の結果，③裁判所は，(a)境界はイロの各点を結ぶ直線であるが，(b)本件係争地はYが時効により取得しているとの心証を得た。この場合，④裁判所はいかなる判決をすべきか。

(2) 小問(1)と異なり，⑤裁判所は，(c)境界はイロの各点を結ぶ直線であるが，(d)甲土地の全部につきYに取得時効が成立しているとの心証を得た。⑥この場合，裁判所はいかなる判決をすべきか。なお，本件ではYは本案前の抗弁として上記のとおり本件係争地の時効取得に加え，甲土地全体の時効取得をも主張していたものとする。

【図】

ハ　ロ

甲

本件係争地

乙

ニ　イ

## ■ 出題論点

・境界確定の訴え……………………………………………………………B
・境界確定の訴えにおける当事者適格……………………………………B

## ■ 問題処理のポイント

本問は，境界確定訴訟についての理解を問う問題です。

「答案作成の過程」でも触れていますが，境界確定の訴えは，判例上，形式的形成訴訟であると解されています。

そのことから，処分権主義・弁論主義の適用がない（又は大幅に制約される）こと，棄却判決が許されないこと，証明責任の問題は生じないこと，不利益変更禁止の原則が働かないことなど，様々な結論が導き出されます。本問で問題となる当事者適格もその一場面です。

旧司法試験では，平成10年度第1問で一行問題として問われたこともありますが，そのような場合にも，上記の事項を境界確定訴訟の性格に紐づけて論じられるとよいでしょう。

## ■ 答案作成の過程

### 1 境界確定の訴えの法的性質と当事者適格判定の基準

本問では，Ｙは，本案前の抗弁として②「Ｙが，時効により本件係争地の所有権を取得した結果，ＸがＹを相手方として甲土地と乙土地の境界確定を求める本件訴えは，Ｙが所有する土地の内部の境界の確定を求める訴えに帰することになるから，本件訴えは却下されるべきである」と主張しています。

これは，Ｘに当事者適格がないという趣旨の主張であると考えられます。

当事者適格とは，訴訟物たる権利又は法律関係について，当事者として訴訟を追行し，その存否を確定する本案判決を受ける資格をいいます。そして，当事者適格は，一般には，訴訟物たる権利関係について実体的な利益が帰属する者に認められると解されています。

では，①ＸがＹを相手方として提起した境界確定を求める訴え（境界確定の訴え）についてはどう考えるべきでしょうか。この点は，境界確定の訴えの法的性質に関わります。

境界確定の訴えは，判例上，いわゆる形式的形成訴訟に当たると解されています（最判昭43.2.22【百選35】）。境界確定の訴えは，公法上の境界をその対象とするものであり，実質は非訟事件であるということになります。

そのため，「訴訟物たる権利関係について実体的な利益が帰属する者」はおらず，この一般的な判断基準では，当事者適格の有無を判定することはできません。

そこで，判例は「境界確定を求める訴えは，公簿上特定の地番により表示される甲乙両地が相隣接する場合において，その境界が事実上不明なため争いがあるときに，裁判によって新たにその境界を定めることを求める訴えであって，……もとより土地所有権確認の訴えとその性質を異にするが，その当事者適格を定めるに当たっては，何ぴとをしてその名において訴訟を追行させ，また何ぴとに対し本案の判決をすることが必要かつ有意義であるかの観点から決すべきであるから，相隣接する土地の各所有者が，境界を確定するについて最も密接な利害を有する者として，その当事者となるのである。」と判示しました（最判平7.3.7，下線は筆者が付したもの）。

## 2 隣接地の一部を時効取得した場合の処理

小問(1)において，③裁判所は，(a)境界はイロの各点を結ぶ直線であるが，(b)本件係争地はYが時効により取得しているとの心証を得ています。

このように，隣接地（甲土地）のうち境界の全部に接続する部分を隣接土地（乙土地）の所有者が時効取得した場合はどうでしょうか。

この点について，前掲最判平7.3.7は，上記説示に続けて，「甲地のうち境界の全部に接続する部分を乙地の所有者が時効取得した場合においても，甲乙両地の各所有者は，境界に争いがある隣接土地の所有者同士という関係にあることに変わりはなく，境界確定の訴えの当事者適格を失わない。」と判示しました。

したがって，小問(1)では，Xは当事者適格を失わないことになります。Yの主張は認められません。④裁判所は心証どおりに，境界をイロと定める判決をすればよいということになります。

## 3 隣接地の全部を時効取得した場合の処理

一方で，小問(2)において，裁判所は，小問(1)と異なり，⑤(c)境界はイロの各点を結ぶ直線であるが，(d)甲土地の全部につきYに取得時効が成立しているとの心証を得ています。

このように，隣接地そのものを全部時効取得した場合について，判例は，当事者適格を失うと判示しています（最判平7.7.18）。これは，前掲最判平7.3.7の「相隣接する土地の各所有者が，境界を確定するについて最も密接な利害を有する者として，その当事者となる」という判示から素直に導かれる結論であるといえるでしょう。この点については，学説上，乙土地所有者Yがどうしても甲土地と乙土地の境界を明確にしたいのであれば，甲土地の登記名義を取得の上，甲土地と乙土地をいったん合筆し，その後分筆し直せば済む話であるなどと指摘されています。

小問(2)では，Xに当事者適格が認められないので，⑥裁判所は，訴え却下判決をすべきであるということになります。

## ■答案構成

第1　小問(1)

1　Yの主張は，Xには，本件係争地に関して境界確定訴訟を提起する当事者適格がないという主張

2　境界確定の訴え

形式的形成訴訟説

境界確定の訴えにおける当事者適格

3　あてはめ

4　Xに当事者適格が認められ，裁判所は心証どおりに，境界をイロと定める判決をすればよい

第2　小問(2)

1　当事者適格の有無が問題

前述の規範の援用

2　あてはめ

3　Xに当事者適格が認められず，裁判所は，訴え却下判決をすべき

## 解答例

第1　小問(1)

1　本問では，Yから，本案前の抗弁として，Yが所有する土地の内部の境界の確定を求める訴えに帰することになるから却下されるべきであるとの主張が提出されている。

これは，Xには，本件係争地に関して境界確定訴訟を提起する当事者適格がないという主張である。

2　そこで，検討するに，まず，土地境界確定訴訟においては，要件事実が明確ではなく請求は権利の存否の主張という形をとるわけでない。そのため，その裁判は法の適用作用というよりは，裁量の幅の広い処分行為（行政行為，非訟の一種）とみるのが適切である。

したがって，その法的性質は形式的形成訴訟であると解する。

3(1)　当事者適格は，一般には，訴訟物たる権利関係について実体的な利益が帰属する者に認められると解されているところ，境界確定の訴えの上記性質によれば，通常の民事訴訟とは別途の考慮を要する。

当事者適格の有無は，誰に訴訟追行をさせることが紛争の解決という点で適切かつ有効かという点をもって決すべきところ，通常は，上記のように，訴訟物たる権利関係について実体的な利益が帰属する者に訴訟追行させることが紛争の解決という点で適切かつ有効であるとされるから，当事者適格が認められるのである。

そうだとすれば，形式的形成訴訟であっても，訴訟追行をさせることが紛争の解決という点で適切かつ有効という点をもって決すべきである。

そして，境界を確定するについて最も密接な利害を有する者に訴訟追行をさせることが，紛争の解決という点で適切かつ有効であるから，相隣接する土地の各所有者に当事者適格が認められると解する。

(2)　本件では，裁判所は，(a)境界はイロの各点を結ぶ直線であるが，(b)本件係争地はYが時効により取得しているとの心証を得ている。

このように，一方当事者が境界の全部に接続する土地を時効取得したとしても，土地の一部が他方の隣接当事者によって時効取得されたにすぎない場合は，境界に争いがある隣接土地の所有者同士であるという関係に変わりない。

(3)　よって，この場合には，境界確定訴訟の当事者適格は失われない。

4　したがって，Xに当事者適格が認められるため，裁判所は，心証どおりに，境界をイロと定める判決をすればよい。

第2　小問(2)

1　本小問でも，前小問と同様，当事者適格の有無が問題となる。

←小問(1)について

←境界確定の訴えの法的性質

←当事者適格有無の判定基準

←論証
他に論点がないので，詳しく論じました

←隣接地の一部を時効取得した場合の処理

←小問(2)について

←隣接地の全部を時効取得した場合の処理

2　裁判所は，(c)境界はイロの各点を結ぶ直線であるが，(d)甲土地の全部につきYに取得時効が成立しているとの心証を得ている。

このように，一方当事者が係争地を含む土地の全部を時効取得した場合には，もはや隣接土地の所有者同士であるという関係は存在しない。

したがって，一方当事者が土地の一部を取得したにとどまる場合とは異なり，全部取得した場合には当事者適格が失われると解する。

3　したがって，本件ではXに当事者適格が認められないので，裁判所は，訴え却下判決をすべきである。

以　上

## ● 合格者の問題メモ

Xは，Yを相手方として，X所有の甲土地とY所有の乙土地との境界は，下図のイロ各点を結ぶ直線であると主張して，甲乙両土地の境界確定を求める訴えを提起した。

Yは本案前の抗弁として，境界がX主張のイロの各点を結ぶ直線であって，下図のイロハニの各点を結ぶ直線内の土地部分（以下「本件係争地」という。）がXの所有地の一部であったとしても，Yが，時効により本件係争地の所有権を取得した結果，XがYを相手方として甲土地と乙土地の境界確定を求める本件訴えは，Yが所有する土地の内部の境界の確定を求める訴えに帰することになるから，本件訴えは却下されるべきである，と主張した。

⑴　審理の結果，裁判所は，⒜境界はイロの各点を結ぶ直線であるが，⒝本件係争地はYが時効により取得しているとの心証を得た。この場合，裁判所はいかなる判決をすべきか。

⑵　小問⑴と異なり，裁判所は，⒞境界はイロの各点を結ぶ直線であるが，⒟甲土地の全部につきYに取得時効が成立しているとの心証を得た。この場合，裁判所はいかなる判決をすべきか。なお，本件ではYは本案前の抗弁として上記のとおり本件係争地の時効取得に加え，甲土地全体の時効取得をも主張していたものとする。

【図】

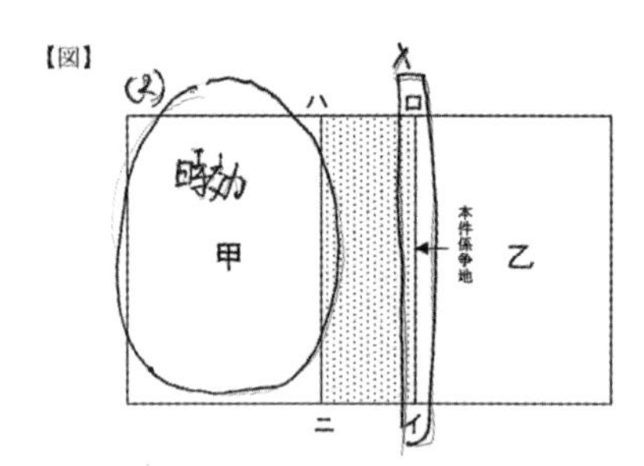


## ● 合格者の答案構成

1 (1)について、
(a)であるが(b)である。却下すべきではないか？
(1). 確かに〜
しかし. 形式的形成訴訟
公法上の土地の境界とは異なる
(2). よって、〜すべき

2. (2)について
(1). 確かに(1)の見解からすれば、却下すべきでないとも
しかし、境界訴訟の趣旨は〜
とすれば ----
(2) 本問では----

## 合格者の答案例

1 小問(1)について

(a)境界はイロの各点を結ぶ直線であるが(b)本件係争地は、Yが時効により取得しているとの心証を得ている。そのため、Yの主張の通り、本件訴えは却下されるべきではないか。

(1)、確かに、本件係争地については、Yによって時効取得されており、訴えの利益が欠けるといえ、裁判所は、却下判決をすべきとも思われる。

しかし、境界確定の訴えは、形式的形成訴訟として、公法上の土地の境界を定めるものである。そのため、私法上の土地の所有権と異なる判決が出ることは、当然想定されているといえ、本問においても、訴えの利益が欠けるとはいえない。

(2)、よって、訴えの却下判決をすべきではなく、イロの各点を結ぶ直線が甲土地と乙土地との境界であるとの判決をすべきである。

2. 小問(2)について

(1)、(d)甲土地の全部につき、Yに取得時効が成立してはいるが、小問(1)で述べたように、公法上の土地の境界と、私法上の所有権とでズレが生じ得ることは問題ないと考えれば、境界はイロの各点を結ぶところであるとの判決をすべきとも思える。

しかし、境界確定訴訟の趣旨は、土地の境界を定め、自己の権利が及び範囲を明確にする点にあるところ、かかる趣旨が妥当するのは、係争地につき、利害関係がある者である。そこで、係争地につき、利害関係がある者でなければ、訴えの利益を欠き、訴えは却下されると解する。

(2)本問においてみるに、Xは、甲土地全体の所有権をYの取得時効によって失っている。そのため、小問(1)の場合と異なり、本件係争地に接した土地を有していないことになり、係争地につき利害関係がある者とはいえない。よって、訴えの利益を欠くといえ、裁判所は、却下判決をするべきである。

以上

45
46
47
48
49
50
51
52
53
54
55
56
57
58
59
60
61
62
63
64
65
66

67
68
69
70
71
72
73
74
75
76
77
78
79
80
81
82
83
84
85
86
87
88

# 第3問

Xは，Yに対して，甲建物を貸していたが，甲建物を取り壊して新たにマンションを建築することを計画した。そこで，①Xは，Yに対して，甲建物の賃貸借の解約の申入れをした上で，甲建物の明渡請求訴訟を提起した。

②Xは，訴訟において，甲建物の老朽化等の正当事由を主張し，また立退料を100万円であれば支払ってもよいと主張した。

③受訴裁判所が，300万円の支払と引換えであれば，正当事由が認められるとの心証を抱いた場合，いかなる判決を下すべきであるかについて，論じなさい。



## 出題論点

・一部認容判決 …………………………………………………… A

## 問題処理のポイント

**1** 本問は，処分権主義に関する理解を問う問題です。最判昭46.11.25【百選75】を素材としています（以下「素材判例」といいます。）。

民事訴訟法の問題は，

(i)請求のレベル

(ii)法律上の主張のレベル

(iii)事実上の主張のレベル

(iv)証拠のレベル

の４段階に分けて考えると整理しやすいと言われることがありますが，本問は，このうち(i)請求のレベルに位置付けられることになります。

**2** 処分権主義違反の有無を考える場合には，「答案作成の過程」でも触れていますが，

(a)原告の合理的意思に反していないか

(b)被告に対して不当な不意打ちを与えるものではないか

の２点に着目するのがセオリーです。ただ，一部認容判決を始めとする多くの問題で議論されているのは，(a)原告の合理的意思に反していないかという点です。(b)被告に対する不当な不意打ちとなるのは，400万円の支払を求めたところ，判決において500万円の支払が命じられたというような，原告の申立ての範囲を超えること（246条違反であること）が明らかな場合が多いからです。

本問でも，中心的に問題となるのは，(a)原告の合理的意思に反していないかと

いう点です。

なお，**第４問**では，本問とは別の角度からこの問題を検討していますので，併せて学習してみるとよいでしょう。

## ■ 答案作成の過程

### 1 問題の所在

本問では，①②Xは甲建物の明渡しを求めて訴訟を提起しており，その中で立退料を100万円であれば支払ってもよいと主張しているところ，③受訴裁判所は，300万円の支払と引換えであれば，正当事由（借地借家法28条）が認められると判断しています。この心証に従えば，「300万円の支払と引換えに甲建物の明渡しをせよ」との判決を命じることになりそうです。

しかし，246条は，「裁判所は，当事者が申し立てていない事項について，判決をすることができない。」と定めています。

そうすると，上記のように，Xが申し出た立退料の額を超える判決を下すことは，246条に反するのではないでしょうか。

これが本問における問題点です。

### 2 処分権主義違反の判定

**1**　判断基準

246条は，民事訴訟法が処分権主義を採用していることを根拠付ける条文であるといわれています。

246条の下で，原告は，審判対象を特定し，判決によって得られる救済の内容・範囲を限定する権能を認められています。被告もまた，防御の目標を原告が申し立てた事項に定めればよく，それを超えて自己に不利な判決がなされることはないことを保障されています。

そこで，処分権主義違反の有無の判断は，以下の２点によると解されてきました。

(a)原告の合理的意思に反していないか

(b)被告に対して不当な不意打ちを与えるものではないか

本問でも，この２点に着目しながら，処分権主義違反（246条違反の有無）について検討しましょう。

**2**　引換給付判決

一般に，引換給付判決自体は，質的一部認容判決であるとして，処分権主義に違反しないと解されています。通常，(a)原告の合理的意思にも反しないし，(b)被告に対する不当な不意打ちを与えるものではないといえるからです。

例えば，売買契約に基づく目的物の引渡訴訟において，被告たる売主が同時履行の抗弁（民法533条）を適法に主張した場合に，裁判所は引換給付判決をすることができます。

なお，「○○と引換えに」という部分は，強制執行の開始要件となることに注意してください（民事執行法31条1項。この部分に既判力が生じるか否かについては**第14問**の解説を参照）。

**3**　立退料増額の可否

本問類似の素材判例は，賃貸人が300万円の立退料の支払を申し出たのに対し，裁判所が500万円の支払と引換えに目的物の明渡しを命じた事案について，「Xが Yに対して立退料として300万円もしくはこれと格段の相違のない一定の範囲内で裁判所の決定する金員を支払う旨の意思を表明し，かつその支払と引き換えに本件係争店舗の明渡を求めていることをもって，Xの右解約申入につき正当事由を具備したとする原審の判断は相当である。」と判示しました。

この判決の読み方に関しては，学説上様々に主張されていますが，立退料の増額は，請求権に付された条件を重くするものであり，質的な一部認容として許されることになる一方で，そこまで増額されるならば賃貸人としては，むしろ棄却されることを望むであろうという場合は，原告の合理的意思に反するものとして，処分権主義違反となると解することができます。このような原告の意思解釈は，個別具体的な事案によらざるを得ません。

本問でも，Xが100万円の立退料の支払を申し出ていたところ，③裁判所が300万円の支払を命じることが許されるか否かは，(a)Xの意思次第ということになるでしょう（なお，下級審判例では，5倍程度までの増額を認めたものもあります。）。

なお，立退料を増額したとしても，(b)被告にとって不当な不意打ちとなることは通常考えられないといってよいでしょう。

## 3 補足

### 1　原告が無条件の明渡しを求める場合

#### (1)　処分権主義との関係

では，本問とは異なり，原告が無条件の明渡しを求める場合はどうでしょうか。この場合に，裁判所が立退料の支払と引換えに明渡しを命じることは，処分権主義との関係だけではなく，弁論主義との関係でも問題が生じます。

処分権主義との関係では，本問で扱ったのと同様の問題になります。無条件の明渡しを求めている原告の意思が，一切立退料を支払うつもりがないというものなのか，それとも，一定の範囲内であれば，立退料を支払ってもよいというものなのかによります。仮に，後者であれば，本問と同様，その範囲内に収まっている限り，立退料の支払を命じたとしても，処分権主義には反しないということになるでしょう（なお，この点については，立退料は，借地借家法28条によって，賃貸人の申出があってはじめて正当事由の補完事由となるのであるから，そもそもこのような事態は起き得ない（仮に，起きたとすれば，弁論主義違反の問題となる。）との指摘もあります。)。

(2) 弁論主義との関係

弁論主義との関係では，立退料の支払の申出の事実は，正当事由の補完事由として明渡請求権の発生原因事実（要件事実）となるとすれば，原告が口頭弁論において，立退料の支払の申出を主張しない限り，裁判所が立退料の支払を命じることは，弁論主義（第１テーゼ）に反するという結論になります。これに対して，立退料の支払は，正当事由の補完事由ではあるが，正当事由の内容を構成するものとしてその存否が争われる「事実」ではないとすれば，弁論主義には違反しないとみることもできます。

また，立退料の支払と建物の明渡しが同時履行の関係にあると解されています。そして，同時履行の抗弁は，権利抗弁であるとされていますので，被告の側で権利主張をしなければなりません。権利主張をしない場合には，裁判所は，これを斟酌することができません（最判昭27.11.27【百選51】)。もっとも，この点については，裁判所が適切に釈明権を行使すべきであるとされ，また被告は，当然に権利主張していると考えることができるとの指摘もあります。

## 2 立退料の減額を認める場合

原告が申し出た立退料の額を裁判所が減額して，引換給付判決を命じることはできるでしょうか。

この点について，通説は，原告が求めた以上の救済を与えるものであって，特に(b)被告に対する不意打ち防止という観点から問題があるとして，246条に反すると解しています。

## ■答案構成

第1　引換給付判決の可否

1　受訴裁判所がその心証どおりの判決を下すには，処分権主義（246）に反する可能性

↓

2　一部認容判決

↓

適法説

↓

3　引換給付判決を下すこと自体は適法

第2　立退料増額の可否

1　立退料の増額が原告の合理的意思に反するとして，246条に反しないか

↓

2　立退料の増額の可否

↓

格段の相違がない範囲において認められる

↓

3　結論

受訴裁判所は，引換給付判決を下すべき

## 解答例

第１　引換給付判決の可否

１　無条件の明渡請求に対して，受訴裁判所が立退料の支払と引換えに明渡しを命じる旨の引換給付判決をすることは，申立事項と判決事項の一致を要求する246条に反し許されないのではないか。

２　246条は，実体法上の私的自治の原則に由来する処分権主義を判決の面から規定したものであり，その趣旨は，原告の意思を尊重し，当事者の不意打ちを防止する点にある。

かかる趣旨からすれば，同条に違反するかどうかは，①原告の合理的意思，②被告に対する不意打ち防止の観点から実質的に判断すべきであると考える。

３　まず，①原告としては請求棄却判決を下されるよりも引換給付判決が下されることを望むであろうから，原告の合理的意思に合致する。②また，被告にとっても全部認容判決よりは有利であるから，不意打ちにもならない。

したがって，一般的に，引換給付判決を下すこと自体は246条に反するものではない。

第２　立退料増額の可否

１　もっとも，原告は100万円の立退料の支払を主張しているのに対し，裁判所は300万円の立退料の支払を命じている。

そうすると，やはり原告の合理的意思に反するものとして，246条に反し許されないのではないか。

２　一般に，解約申入れによる賃貸借契約の終了を理由とする建物明渡請求訴訟においては，「正当の事由」（借地借家法28条）を補完するため，立退料を増額してでもなお，明渡しを求めるのが原告の通常の意思である。そうだとすれば，全部棄却判決よりも，かかる引換給付判決を欲するのが①Ｘの合理的意思に合致する。ただし，増額は，原告が申し出た立退料の数額と格段の相違のない範囲に限られるとすべきである。その範囲を超えてしまえば，やはり原告の合理的意思に反するからである。

なお，「正当の事由」の補完材料である立退料の増額を命じたとしても，Ｙに有利な認定である以上，②被告Ｙに対する不意打ちとはならない。

３　したがって，裁判所の命じた300万円が，原告の申し出た100万円と格段の相違のない範囲であるといえれば，処分権主義に反しない。この場合，裁判所は，300万円の立退料の支払と引換えに，被告Ｙに甲建物の明渡しを命じる旨の判決をすべきである。

以　上

←引換給付判決の可否
まずは，一般論として，引換給付判決が246条に反しないか論じました

←論証

←あてはめ

←立退料増額の可否

←上記基準に照らしてあてはめ

←結論

## ● 合格者の問題メモ

Xは，Yに対して，甲建物を貸していたが，甲建物を取り壊して新たにマンションを建築することを計画した。そこで，~~Xは，Yに対して~~，甲建物の賃貸借の解約の申入れをした上で，甲建物の明渡請求訴訟を提起した。

Xは，訴訟において，甲建物の老朽化等の正当事由を主張し，また立退料を１００万円であれば支払ってもよいと主張した。

受訴裁判所が，３００万円の支払と引換えであれば，正当事由が認められるとの心証を抱いた場合，いかなる判決を下すべきであるかについて，論じなさい。

## ● 合格者の答案構成

1. 300万との引換判決をすべきか

　100万との引換（Xの主張）

　↓

　一部認容判決

　処分権主義違反か？

(1). 規範

(2) 当てはめ

2. 一部認容OKとして、かかる判決をすべきか、

## ● 合格者の答案例

1. 300万円の支払と引換えに甲建物の明渡請求を認める判決を下すべきか。

　Xは、立退料を100万円であれば支払ってよいと主張しているところ、上記の判決を下すことは、一部認容判決をすることになる。そこで、かかる一部認容判決が処分権主義（246条）に反しないかが問題となる。

(1) 処分権主義の趣旨は、原告意思の尊重であり、その機能は、被告に対する不意打ち防止である。そこで①原告の意思に反せず、かつ②被告に対して不意打ちとはいえない場合には、一部認容判決は処分権主義に反しないと解する。

(2) 本問においてみるに、確かに、原告たるXは、100万円であれば支払ってもよいと述べているところ、300万円の支払いには主張しておらず、上記の一部認容判決は、Xの意思に反しているとも思える。しかし、原告としては、訴えが棄却されるよりは、立退料の増加を受け入れる方が望ましいといえる。そのため、原告の意思には反しないといえる（①）。もっとも、Xが100万円を超える金額は絶対に支払わないとの意思を明確にしている場合には、Xの意思に反するといえ、①を満たさない。

　次に、②について検討するに、立退料が訴訟において争われ、その額よりも多い金額であることから、被告たるYにとっては不意打ちであるとはいえない。そのため、②を満たす。

2. よって、Xが100万円を超える金額については、絶対に支払わないとの意思を明確にしている場合を除いて、上記の判決を下すことができ、裁判所の心証が、上記判決と同様であるから、かかる判決を下すべきである。

以上

45
46
47
48
49
50
51
52
53
54
55
56
57
58
59
60
61
62
63
64
65
66

67
68
69
70
71
72
73
74
75
76
77
78
79
80
81
82
83
84
85
86
87
88

# 第4問

①甲は，乙からの300万円の借受金債務の残額が130万円であると主張し，乙に対して，上記借受金債務は130万円を超えては存在しないことの確認を求める訴えを提起した。

②裁判所が審理の結果，次の判決を言い渡したとして，その判決について論ぜよ。

1　③甲の乙に対する債務の残額が200万円であると認め，「原告の請求を棄却する。」との判決。

2　④甲の乙に対する債務の残額が100万円であると認め，「借受金債務は100万円を超えては存在しないことを確認する。」との判決。

（旧司法試験　昭和61年度第１問）

## 出題論点

・債務不存在確認の訴え……………………………………………………………A

## 問題処理のポイント

本問は，債務不存在確認の訴えに関する理解を問う問題です。旧司法試験昭和61年度第１問で出題された問題をそのまま用いています。

第３問で解説したとおり，処分権主義に関する問題は，

⒜原告の合理的意思に反していないか

⒝被告に対して不当な不意打ちを与えるものではないか

の２点に着目して判断します。小問１では主に⒜が，小問２では主に⒝が問題となるのですが，特に難しいのは小問１です。本問とは異なりますが，原告が上限額を明らかにしていない事案について，原告の合理的意思をどのように考えればよいかを巡り，学説が非常に複雑に対立しています。「答案作成の過程」では，現在の一般的な学説に従って解説していますので，参考にしてみてください。

また，本問に関連して，自認部分（本問では130万円）を後訴で争うことができるのかという問題もありますので，併せて確認しておいてください。

なお，債務不存在確認の訴えの適法性が問われた場合には，確認の利益の有無を論じる必要があります（確認の利益については，第６問を参照）。

## 1 小問1について

### 1 問題の所在

本小問では，①甲は，乙に対して，上記借受金債務は130万円を超えては存在しないことの確認を求める訴えを提起しています。

この訴えにおいて，③裁判所は，「甲の乙に対する債務の残額が200万円である」との心証を抱いています。

この場合，裁判所としては，心証どおりに「借受金債務は200万円を超えては存在しないことを確認する。（原告のその余の請求を棄却する。）」との一部認容判決を下すか，借受金債務の残額が130万円であると認定できない以上，請求を全部棄却するかのいずれかとなるでしょう。

本小問における裁判所は，後者を選択したということです。このような請求を全部棄却すべきであるとする立場は，原告の合理的意思をその理由とします。すなわち，請求が全部棄却されれば，自認額である130万円を超えて債務が確定されるだけであり，原告は，後訴において，例えば，200万円を超えては債務が存在しないことの確認を求めるとの判決を求めるという形で，残額の存在を争うことができ，それが原告の意思に合致するのではないかということです（ただし，本問のように，原告が上限額を示している場合には，全部棄却判決の既判力によって，130万円から300万円までの170万円の債務の存在が確定されるとみることができ，この場合には，そもそも原告は後訴で残額を争うことはできないのではないか，という疑問がないわけではありません。）。

しかし，これでは，原告に有利すぎるという問題があります。仮に，この訴えも全部棄却されれば，今度は，250万円を超えては債務が存在しないことの確認を求めるとの判決を求めるという形で，残額の存在を争うことができることになります。このように，原告は小出しの再訴ができるのに対し，被告は，全部認容された場合には，130万円を超えては債務が存在しないこと（170万円の債務が存在しないこと）が既判力をもって確定されてしまい，再訴をすることができません。

また，何度も何度も同一債権について審理をしなければならない裁判所の負担も考えなければなりません。

そもそも，原告としても，上記のような小出しの再訴を望んでいることはむしろ少なく，一度で紛争を終結させたいと考えるのが通常でしょう。

したがって，この場合は，裁判所は一部認容判決を下すべきであるということになります。

判例は，本問とは異なり，原告が上限額を明らかにしていない事案についてですが，「本件申立の範囲（訴訟物）である……貸金残額の存否ないしその限度を明確に判断しなければならない」として，残存額を明らかにすることなく直ちに全部棄却判決を下した原判決は，審理不尽であり，違法であると判示しました（最判昭40.9.17【百選76】）。

**2** 本小問へのあてはめ

本小問では，上記のように，全部棄却判決をすべきではなく，残額が200万円であるとして，「借受金債務は，200万円を超えては存在しない」との一部認容判決を下すべきであったといえます。

したがって，②本小問における判決には，審理不尽があり，違法であるという結論になります。

## 2 小問2について

本小問では，前小問と異なり，裁判所は，債務の残額が100万円であるとして，④「借受金債務は100万円を超えては存在しないことを確認する。」との判決をなしています。

しかし，①原告は，130万円の自認額については，申立ての範囲から除外しています。そのため，この部分は訴訟物を構成しません。

前掲最判昭40.9.17【百選76】も，「上告人らが本件訴訟において本件貸金債務について不存在の確認を求めている申立の範囲（訴訟物）は，……その元金として残存することを自認する［額］……を本件貸金債権金110万円から控除した残額金……の債務額の不存在の確認であ」るとしています。

それにもかかわらず，②裁判所が，その範囲についても判断を下すことは，「裁判所は，当事者が申し立てていない事項について，判決をすることができない。」とする246条に違反し，違法な判決になります。裁判所は，「借受金債務は130万円を超えては存在しないことを確認する。」との判決（全部認容判決）を言い渡すべきだったのです。

## ■答案構成

第1　小問1について

　1　一部認容判決の可否

　　　↓

　2　許容説

　　　↓

　3　一部認容判決を下すべき

　　　↓

　　　全部棄却判決を下した判決には，審理不尽の違法がある

第2　小問2について

　　　原告の申立事項を超えて，判決をするものである

　　　246条違反

## 解答例

第1　小問1について

←小問1について

1　本小問では，甲は，乙に対して，借受金債務は130万円を超えては存在しないことの確認を求める訴えを提起しているところ，裁判所は，「甲の乙に対する債務の残額が200万円である」との心証を抱いている。

この場合，裁判所は残債務が原告の主張する130万円を超えるとして全部棄却判決をすることができると思われる。

一方で，審理の結果明らかになったとおり，200万円の残債務の存在を認める判決をすることが可能であれば，紛争の抜本的な解決の点で，かかる判決の方が望ましいともいえる。

もっとも，このような判決は，裁判所が，「当事者が申し立てていない事項について，判決をする」ものであって，246条に反するのではないか。

←一部認容判決の可否

2　246条の趣旨は，原告の合理的意思の尊重と被告の不意打ち防止に求められる。したがって，246条に反しないかは，この観点に照らして判断すべきである。

←論証

本小問では，原告は，130万円を超えては債務が存在しないことの確認を求めているのであるから，それを超えた債務の存在が認められた以上，請求棄却判決をなすことが原告の意思に合致するという見解がある。

確かに，原告としては，残額を後訴で争うことができた方が有利であり，それを望むとも思える。

←論証

しかし，繰り返し同一債権について訴訟を提起する煩をとることは，通常の原告の合理的意思に合致するとはいえず，むしろ原告としては，残額まで確定させ，一度で紛争を終結させることを望むと思われる。

一方で，被告にとっては，一部棄却部分を含むのだから，不意打ちになることはない。それどころか，再び残債務額を確定させるための後訴を提起され，それに応訴することを被告に強いることこそ被告にとって負担となる。

3　したがって，裁判所は，請求棄却ではなく一部認容判決として「借受金債務は200万円を超えては存在しないことを確認する。(原告のその余の請求を棄却する。)」との判決を下すことができ，またそうすべきであり，上記判決は246条に反しない。

←結論

かえって，本小問では，残債務額を確定させることなく，直ちに全部棄却判決を下しており，審理不尽として違法となる。

第2　小問2について

←小問2について

本小問では，前小問と異なり，裁判所は，債務の残額が100万円であるとして，「借受金債務は100万円を超えては存在しないことを確認する。」との判決をなしている。

しかし，原告は130万円の自認額については，申立ての範囲から除外している。そのため，この部分は訴訟物を構成しない。

そうだとすれば，この判決は，当事者の申立てを超えて判決をしたものとして，246条に違反し，違法である。

裁判所としては，「借受金債務は130万円を超えては存在しないことを確認する。」との判決を言い渡すべきであった。

以　上

←ここは条文を適用するだけで解決できます

## ● 合格者の問題メモ

甲は，乙からの３００万円の借受金債務の残額が１３０万円であると主張し，乙に対して，上記借受金債務は１３０万円を超えては存在しないことの確認を求める訴えを提起した。

裁判所が審理の結果，次の判決を言い渡したとして，その判決について論ぜよ。

1　甲の乙に対する債務の残額が２００万円であると認め，「原告の請求を棄却する。」との判決。

2　甲の乙に対する債務の残額が１００万円であると認め，「借受金債務は１００万円を超えては存在しないことを確認する。」との判決。

## ● 合格者の答案構成

甲の主張
　170万円の不存在
1. 判決. 100万円の不存在　処分権主義
2. 判決 200万円の不存在

1. 小問1について
(1) 不存在の訴訟物
(2) (1)を前提とすると一部認容判決をすべきでないか
ア 処に反しないか
イ 反しないとして、するべきか

2 小問2について
(1) 申立を超えている
　処に反しないか → 反する
(2) では、いかなる判決をすべきか

## 合格者の答案例

1 小問1について

(1) 前提として、債務不存在の確認訴訟の訴訟物について検討する必要がある。上記の訴訟は、給付訴訟の裏返しであるから、訴訟物は、原告の自認額と債務の上限との差額部分の不存在であると考えられる。そのため、本問における訴訟物は、170万円の不存在であるといえる。

(2) 上記検討を前提とすると、債務100万円の不存在、すなわち借受金債務は200万円を超えては存在しないことを確認するとの一部認容判決をすべきではないか。

ア そもそも、上記判決をすることは、処分権主義（246条）に反しないか。

処分権主義の趣旨は、原告の意思を尊重する点にあり、その機能は、被告に対する不意打ち防止にある。そこで、原告の意思に反せず、被告にとって不意打ちではないといえるならば、原告が申し出た内容と異なる判決を出しても、処分権主義には反しないものと解する。

本問においてみるに、請求棄却判決よりも、一部認容判決を望むのが通常であるから、一部認容判決をすることは、原告たる甲の意思に反しない。また、甲は170万円の債務の不存在を主張していた以上、判決で100万円の不存在が判示されたとしても、被告たる乙にとって不意打ちであるとはいえない。よって、上記判決をすることは、処分権主義に反しない。

イ 一部認容判決をし得るにしても、一部認容判決をすべきか。

原告の意思に合致し、被告にとっても不意打ちではない以上、一部認容判決をすることが、妥当である。また、既判力との関係からしても、一部認容判決をすることで、妥当な解決を図ることができる。

よって、上記の観点からして、一部認容判決をするべきといえる。

2 小問2について

(1) 小問2における判決は、200万円の債務の不存在を認めるというものであるから、甲が申し出ている訴訟物の範囲を超えている。そこで、かかる判決は、処分権主義に反しないか。

前述したように、原告の意思に反しないか、被告にとって不意打ちにならないかという点で判断する。

まず、原告たる甲は、170万円の債務の不存在を主張しているところ、判決は200万円の債務の不存在を判示している。これは、甲の自認額を超える額の債務の不存在を判示していることになるため、甲の意思に反する。また、原告たるXが主張する債務の不存在よりも、不存在となる額が大きくなるとすれば、被告たる乙に不意打ちとなる。よって、上記判決は、処分権主義に反するといえる。

(2) したがって、甲の申し出と裁判所の心証が合致する限度で判決をすべきといえるため、170万円の債務の不存在、すなわち、借受金債務は、130万円を超えては存在しないことを確認するとの判決をすべきである。

以上

67
68
69
70
71
72
73
74
75
76
77
78
79
80
81
82
83
84
85
86
87
88

# 第5問

商社であるX社は，運送業を営むY社との間で継続的に取引をしていたところ，近年Y社の地上運送部門に勤務する運送人の質が低下しており，運搬中の荷物を横領する事件が多発した。

かかる不祥事によって①X社は総額1億円の損失を被ったため，Y社に対し，債務不履行に基づく損害賠償として，1億円のうちの一部であることを明示した上で，4000万円の支払を求める訴訟を提起した（訴訟Ⅰ）。

ところで，訴訟Ⅰが提起される2年前，経営の多角化が原因でX社の資金繰りが危ぶまれたことがあった。その窮地を救ったのが，Y社であり，その当時Y社からX社に対し，無利子で4000万円の貸付けが行われた。Y社の経営陣は，X社の経営が軌道に乗るまで返済を求めるつもりはなかったが，今回訴訟Ⅰが提起されたことをきっかけに，直ちに返済を求めるべきとの意見がY社内でも強くなった。

そのため，②Y社はX社に対し，4000万円の支払を求める訴えを提起した（訴訟Ⅱ）。X社はいまだ資金繰りに余裕がなく，訴訟Ⅱが認容され，執行されることは避けたいと考えたため，③訴訟Ⅰで請求している4000万円の残部に相当する6000万円部分を自働債権，訴訟Ⅱの訴求債権を受働債権として対当額で相殺する旨の抗弁を主張した。

④訴訟ⅡにおけるX社の相殺の抗弁は認められるか。

## 出題論点

・一部請求の可否……………………………………………………………………A
・一部請求において残部を相殺の抗弁に供することの可否…………………A

## 問題処理のポイント

**1**　本問は，一部請求についての理解を問う問題です。

一部請求後の残部請求の可否については，複雑な学説の対立がありますが，ひとまずは判例の明示説に従って考えれば足ります。ただ，明示説に立ったとしても，「答案作成の過程」にも引用した，最判平10.6.12【百選80】，最判平10.6.30【百選38②】といった重要な判例をどのように理解すべきなのかについてはさらに議論が分かれるところですので，自分なりの考え方に沿って論述することができるように準備しておいてください。

**2**　本問は，最判平10.6.30【百選38②】で問題となった，一部請求において残部を相殺の抗弁に供することの可否をメイン論点として問うものですが，これは二重起訴の禁止の問題とも絡む応用的な論点です。相殺の抗弁の機能と二重起訴における弊害をどのように調整するのかという点がポイントとなります。

なお，二重起訴の禁止については，第7問，第16問でも取り扱っていますので，本問と併せて理解を確認しておいてください。

## ■答案作成の過程

### 1 一部請求後の残部請求の可否

本問では，②Y社が提起した訴訟Ⅱにおける③④X社の相殺の抗弁は認められるかが問われていますが，①X社は，Y社に対し，債務不履行に基づく損害賠償として，1億円のうちの一部であることを明示した上で，4000万円の支払を求める訴訟を提起していますので，まずは，一部請求後の残部請求の可否について論じておく必要があります。

この点について，判例は，「一個の債権の数量的な一部についてのみ判決を求める旨を明示して訴が提起された場合は，訴訟物となるのは右債権の一部の存否のみであって，全部の存否ではなく，従って右一部の請求についての確定判決の既判力は残部の請求に及ばない」と判示し，明示的一部請求肯定説（明示説）の立場に立つことを明らかにしました（最判昭37.8.10）。

本問でも，明示がある以上，残部は別の訴訟物を構成し，改めてこれを請求することは認められるのが原則です。

ただし，判例は，以下のように，残部請求が信義則（2条）に反し，許されない場合があると考えています（最判平10.6.12【百選80】）。本問では，このような事情が認められないため，直接の関係はありませんが，この点には十分な注意が必要です。

「一個の金銭債権の数量的一部請求は，当該債権が存在しその額は一定額を下回らないことを主張して右額の限度でこれを請求するものであり，債権の特定の一部を請求するものではないから，このような請求の当否を判断するためには，おのずから債権の全部について審理判断することが必要になる。すなわち，裁判所は，当該債権の全部について当事者の主張する発生，消滅の原因事実の存否を判断し，債権の一部の消滅が認められるときは債権の総額からこれを控除して口頭弁論終結時における債権の現存額を確定し……，現存額が一部請求の額以上であるときは右請求を認容し，現存額が請求額に満たないときは現存額の限度でこれを認容し，債権が全く現存しないときは右請求を棄却するのであって，当事者双方の主張立証の範囲，程度も，通常は債権の全部が請求されている場合と変わるところはない。数量的一部請求を全部又は一部棄却する旨の判決は，このように債権の全部について行われた審理の結果に基づいて，当該債権が全く現存しないか又は一部として請求された額に満たない額しか現存しないとの判断を示すものであって，言い換えれば，後に残部として請求し得る部分が存在しないとの判断を示すものにほかならない。したがって，右判決が確定した後に原告が残部請求の訴えを提起することは，実質的には前訴で認められなかった請求及び主張を蒸し返すものであり，前訴の確定判決によって当該債権の全部について紛争が解決されたとの被告の合理的期待に反し，被告に二重の応訴の負担を強いるものというべきである。以上の点に照らすと，金銭債権の数量的一部請求訴訟で敗訴した原告が残部請求の訴えを提起することは，特段の事情がない限り，信義則に反して許されないと解するのが相当である。」（下線は筆者が付したもの）

## 2 一部請求において残部を相殺の抗弁に供することの可否

では，残部を③別訴（訴訟Ⅱ）における相殺の抗弁に供することはできるのでしょうか。

仮に，これを認めると，１本の債権の一部と残部の関係にある以上，審理が重複し，被告に応訴の煩が生じるほか，事実上の（一部と残部では訴訟物が別なので，「法律上の」矛盾抵触は生じません。）判決の矛盾抵触も生じる可能性があります。このような問題は，二重起訴について指摘されています。そのため，二重起訴を禁止する142条に反するのではないかという問題が生じます。現に，判例は，142条を類推適用し，別訴において訴訟物となっている債権を自働債権として相殺の抗弁を提出することは許されないとしています（最判平3.12.17【百選38①】）。

しかし，判例は，以下のように述べ，残部を別訴における相殺の抗弁に供することは，原則として許されると解しています（最判平10.6.30【百選38②】）。

「既に係属中の別訴において訴訟物となっている債権を自働債権として他の訴訟において相殺の抗弁を主張することが許されない……（……平成３年12月17日……判決参照）。」

「しかしながら，他面，一個の債権の一部であっても，そのことを明示して訴えが提起された場合には，訴訟物となるのは右債権のうち当該一部のみに限られ，その確定判決の既判力も右一部のみについて生じ，残部の債権に及ばないことは，当裁判所の判例とするところである（最高裁昭和……37年８月10日……判決……参照）。この理は相殺の抗弁についても同様に当てはまるところであって，一個の債権の一部をもってする相殺の主張も，それ自体は当然に許容されるところである。」

「もっとも，一個の債権が訴訟上分割して行使された場合には，実質的な争点が共通であるため，ある程度審理の重複が生ずることは避け難く，応訴を強いられる被告や裁判所に少なからぬ負担をかける上，債権の一部と残部とで異なる判決がされ，事実上の判断の抵触が生ずる可能性もないではない。そうすると，……一個の債権の一部について訴えの提起ないし相殺の主張を許容した場合に，その残部について，訴えを提起し，あるいは，これをもって他の債権との相殺を主張することができるかについては，別途に検討を要するところであり，残部請求等が当然に許容されることになるものとはいえない。

しかし，こと相殺の抗弁に関しては，訴えの提起と異なり，相手方の提訴を契機として防御の手段として提出されるものであり，相手方の訴求する債権と簡易迅速かつ確実な決済を図るという機能を有するものであるから，一個の債権の残部をもって他の債権との相殺を主張することは，債権の発生事由，一部請求がされるに至った経緯，その後の審理経過等にかんがみ，債権の分割行使による相殺の主張が訴訟上の権利の濫用に当たるなど特段の事情の存する場合を除いて，正当な防御権の行使として許容されるものと解すべきである。

したがって，一個の債権の一部についてのみ判決を求める旨を明示して訴えが提起された場合において，当該債権の残部を自働債権として他の訴訟において相殺の抗弁を主張することは，債権の分割行使をすることが訴訟上の権利の濫用に当たるなど特段の事情の存しない限り，許されるものと解するのが相当である。」（下線は筆者が付したもの）

この判例は，もともと残部は別訴で訴求することができることを踏まえ，二重起訴類似の弊害よりも，相殺の抗弁の機能を重視した解釈をとったものとみることができます。

この判例に従えば，本問でも，特段の事情がない限り，④相殺の抗弁を認めることができます。

## ■ 答案構成

1　X社は，訴訟Ⅰにおける一部請求の残部6000万円を自働債権とする相殺の抗弁を主張

2　一部請求の可否

明示的一部請求肯定説

3　一部請求において残部を相殺の抗弁に供することの可否

特段の事情がない限り認められる

あてはめ

4　X社の相殺の抗弁の主張は認められる

## 解答例

1　本件で，X社は訴訟Ⅱにおいて，訴訟Ⅰにおける一部請求の残部である6000万円を自働債権とする相殺の抗弁を主張している。

2　そもそも，数量的に可分な債権の一部を他の残部から切り離し，その一部を独立の訴訟物として主張することは認められるか。

←一部請求後の残部請求の可否

訴外では債権の分割行使をなし得る以上，訴訟上も同様に債権の一部行使を認めるべきである。また，試験訴訟の途を開く必要があるから，残部請求を認める必要もある。

←論証
前提論点なので，もう少し短く論じても構いません

しかし，これを全面的に肯定すると，全部請求だと考えた被告にとって，不意打ちの危険があることは否めない。

そこで，前訴で一部請求であることの明示を要求すべきである。このように解すれば被告の不意打ちを避けることができるからである。

以上から，前訴において一部請求であることの明示がある場合のみ，訴訟物の分割を認めるべきである。訴訟物の分割が認められた場合には，その部分についてのみ既判力が認められることとなる（114条１項）。

本件では，X社は１億円の損害賠償請求権の一部であることを示した上で，4000万円を請求しているから，一部請求自体は認められる。

3　そうすると，前訴の訴訟物は訴求した部分に限られるから，残部に既判力が及ぶことはなく，相殺の抗弁に供することはできる（114条２項）。もっとも，審理の重複が生ずることは避け難く，応訴を強いられる被告や裁判所に負担となる。また，債権の一部と残部とで異なる判決がされ，事実上の判断の抵触が生ずる可能性も否定できない。

←論証

←一部請求において残部を相殺の抗弁に供することの可否

以上からすれば，二重起訴の禁止（142条）の趣旨が妥当するといわざるを得ない。

しかしながら，一方で相殺の簡易決済機能・担保的機能をできる限り保護すべきである。また，上記のように既判力の直接的な矛盾抵触は生じないのだから，142条の想定する弊害は間接的なものにとどまり，そうだとすれば，相殺の機能を重視した解釈をとるべきである。

そこで，債権の分割行使をすることが権利の濫用に当たるなど特段の事情の存しない限り，残部を相殺の抗弁に供することは許されると解する。

本件では，X社による債権の分割行使が権利濫用に当たるという事情はない。

4　したがって，X社の相殺の抗弁の主張は認められる。

以　上

## ● 合格者の問題メモ

商社であるX社は，運送業を営むY社との間で継続的に取引をしていたところ，近年Y社の地上運送部門に勤務する運送人の質が低下しており，運搬中の荷物を横領する事件が多発した。

かかる不祥事によってX社は総額1億円の損失を被ったため，Y社に対し，債務不履行に基づく損害賠償として，1億円のうちの一部であることを明示した上で，４０００万円の支払を求める訴訟を提起した（訴訟Ⅰ）。

ところで，訴訟Ⅰが提起される２年前，経営の多角化が原因でX社の資金繰りが危ぶまれたことがあった。その窮地を救ったのが，Y社であり，その当時Y社からX社に対し，無利子で４０００万円の貸付けが行われた。Y社の経営陣は，X社の経営が軌道に乗るまで返済を求めるつもりはなかったが，今回訴訟Ⅰが提起されたことをきっかけに，直ちに返済を求めるべきとの意見がY社内でも強くなった。

そのため，Y社はX社に対し，４０００万円の支払を求める訴えを提起した（訴訟Ⅱ）。X社はいまだ資金繰りに余裕がなく，訴訟Ⅱが認容され，執行されることは避けたいと考えたため，訴訟Ⅰで請求している４０００万円の残部に相当する６０００万円部分を自働債権，訴訟Ⅱの訴求債権を受働債権として対当額で相殺する旨の抗弁を主張した。

訴訟ⅡにおけるXの相殺の抗弁は認められるか。

## ● 合格者の答案構成

1. 二重起訴の禁止
(1) 直接適用 ×
(2) 類推 ok.
2. 類推され得るとして、本問で適用されるか。
(1) 一部請求の訴訟物 → 適用されない
(2)、もっとも、一部請求といえども…

## 合格者の答案例

1．X社は訴訟Ⅰにおいて、債務不履行に基づく損害賠償として、1億円のうちの一部として4000万円の請求をしている一方で、訴訟Ⅱにおいて、残額6000万円を自働債権として相殺を主張している。そこで、かかるXの相殺の抗弁は、142条に反し、認められないのではないか。

2．そもそも、相殺の抗弁に、142条が適用されるのか。

(1)．相殺の抗弁は、攻撃・防御方法に過ぎず、「訴えを提起する」とはいえないため、同条を直接適用することはできないといえる。

(2)．もっとも、類推適用することはできないか。

142条の趣旨は、判決相互の矛盾抵触の危険や重複審理による訴訟不経済を避ける点にある。そして、相殺の抗弁は、審理判断されれば、二重に審理がなされ、訴訟不経済であるし、既判力が生じる（114条2項）ため、判決相互の矛盾抵触の危険が生じる。よって、相殺の抗弁についても、趣旨が妥当し、類推適用され得る。

3．それでは、本問においても、142条の類推適用がなされるのか。

(1)．前述した142条の趣旨からすれば、当事者が同一であり、かつ審判対象が同一の場合であれば、類推適用がなされると考えられる。本問では、当事者は、訴訟Ⅰと訴訟Ⅱで同一であるため、審判対象が同一といえるかが問題となる。

(2) ア 処分権主義における当事者意思の尊重と被告に対する不意打ち防止の要請との調和の見地から、一部請求では、原告が明示した場合に限っては、その一部が独立した訴訟物になると解する。そのため、訴訟Ⅰの審判対象となる訴訟物は、一部であることを明示された4000万円である。とすれば、訴訟Ⅱにおいて主張されている残部6000万円については、審判対象を異にしており、審判対象は同一ではないとも思える。

イ しかし、一部請求といえども、請求債権の全体で審理判断してから一部請求の判決を下すのであるから、実質的には、重複審理がなされたとして、142条に反するのではないかという点が問題となる。

確かに、実質的な審理重複が生じ得るが、相殺の抗弁は、簡易迅速に債権回収ができるという担保的機能を有している。そして、取引社会においては、かかる機能を重視するべきであるから、特段の事情のない限り、認められると解する。

本問においてみるに、訴訟Ⅰにおいて、残額6000万円について、議論が十分に尽くされたという事実はない。また、残額での相殺は、X社にいまだ資金的余裕がないことからなされたものであり、Y社を害することを目的としたものでもない。よって、特段の事情があるとはいえない。

## 合格者の答案例

よって、162条の類推適用がなされるとはいえず、設問Ⅱにおける X の相殺の抗弁は、認められる。

以上.

# 第6問

①重度の認知症であるAは，自己の所有する全財産をBに遺贈する旨の遺言を作成した後，回復の見込みがなくなり，後見開始の審判を受けた。

この遺言につき，②Aの唯一の相続人であるCは，遺言無効確認の訴えを提起することができるか。③Aが生存中の場合と④死亡後の場合に分けて検討しなさい。



## 出題論点

・確認の訴えの利益（確認の利益）……………………………………………… A
・遺言者が生存中に受遺者に対して提起する遺言無効確認の訴えの利益……… A

## 問題処理のポイント

本問は，確認の利益についての理解を問う問題です。

確認の利益は，「答案作成の過程」にも記載したとおり，

㋐方法選択の適切性
㋑対象選択の適切性
㋒即時確定の利益

の３点に照らして判断するというのが通説です。

そのため，問題となっている事案と類似の判例を思い出しつつ，その判例ではどの要件が中心的に議論されていたのかを意識しながら解答することが重要です。

本問では，㋑又は㋒の要件を中心的に論ずべきです。

## 答案作成の過程

### 1　④Aが死亡した後について

**1**　確認の訴えの利益（確認の利益）

本問では，②Cが遺言無効確認の訴えを提起することができるかが問われています。この訴えが適法と認められるためには，確認の訴えの利益（確認の利益）が認められなくてはなりません。

そこで，まずは，確認の利益の有無の判断基準を検討しましょう。

通説は，確認の利益の有無を，㋐確認の訴えが手段として適切かどうか（方法選択の適切性），㋑確認対象の選択が適切かどうか（対象選択の適切性），㋒確認判決をすべき必要性が現に認められるかどうか（即時確定の利益），という３つ

の観点に照らして判断しています。

このうち，④については，通説は，確認対象は現在の法律関係でなければならないと考えてきました。過去の法律関係を確認しても，現在の法律関係は変わってしまっている可能性があり，将来の法律関係に至っては，将来の法律関係の発生要件である一定の要件が実際に具備されるか否かは不確実である以上，そのような訴訟を適法として確認判決をしてみてもその判決は無駄になる可能性があり，将来の権利・法律関係が現実のものとなったときに初めて確認訴訟を認めれば足りると考えられるからです。

もっとも，過去の法律行為や法律関係については，そこから現在の法律関係が形成されている可能性があり，そこに解決を与えることで現在の法律関係に関する争いも，一挙・抜本的に解決できる場合があります。そこで，判例も，一定の場合には，過去の法律行為や法律関係の確認を求めることを許容しています。例えば，最判昭47.11.9【百選A10】は，「ある基本的な法律関係から生じた法律効果につき現在法律上の紛争が存在し，現在の権利または法律関係の個別的な確定が必ずしも紛争の抜本的解決をもたらさず，かえって，これらの権利または法律関係の基本となる法律関係を確定することが，紛争の直接かつ抜本的な解決のため最も適切かつ必要と認められる場合においては，右の基本的な法律関係の存否の確認を求める訴も，それが現在の法律関係であるか過去のそれであるかを問わず，確認の利益があるものと認めて，これを許容すべき」であるとしています。

一方で，将来の法律関係については，正面からその確認を求めることを認めた最高裁判例は，現在のところ存在しません。

## 2　遺言者が死亡した後の遺言無効確認の訴えの適法性

### (1)　最判昭47.2.15【百選23】(以下「昭和47年判決」といいます。)

この点について，判例は，「いわゆる遺言無効確認の訴は，遺言が無効であることを確認するとの請求の趣旨のもとに提起されるから，形式上過去の法律行為の確認を求めることとなるが，請求の趣旨がかかる形式をとっていても，遺言が有効であるとすれば，それから生ずべき現在の特定の法律関係が存在しないことの確認を求めるものと解される場合で，原告がかかる確認を求めるにつき法律上の利益を有するときは，適法として許容されうるものと解するのが相当である。けだし，右の如き場合には，請求の趣旨を，あえて遺言から生ずべき現在の個別的法律関係に還元して表現するまでもなく，いかなる権利関係につき審理判断するかについて明確さを欠くことはなく，また，判決において，端的に，当事者間の紛争の直接的な対象である基本的法律行為たる遺言の無効の当否を判示することによって，確認訴訟のもつ紛争解決機能が果たされることが明らかだからである。」

「以上説示したところによれば，前示のような事実関係のもとにおける本件訴訟は適法というべきである。」と述べ，これを肯定する立場に立つことを明らかにしました（昭和47年判決，下線は筆者が付したもの）。

ただし，昭和47年判決は，「形式上過去の法律行為の確認を求めることとなる」としつつ，「遺言が有効であるとすれば，それから生ずべき現在の特定の法律関係が存在しないことの確認を求めるものと解される場合で，原告がかかる確認を求めるにつき法律上の利益を有するときは，適法として許容されうる」（傍点は筆者が付したもの）と述べており，確認対象を「過去の法律行為」とするものなのか，「現在の特定の法律関係が存在しないこと」とするものなのか判然としません。

この点は読み方が難しいところですが，判旨後半部分では，「請求の趣旨を，あえて遺言から生ずべき現在の個別的法律関係に還元して表現するまでもなく」や「当事者間の紛争の直接的な対象である基本的法律行為たる遺言の無効の当否を判示することによって，確認訴訟のもつ紛争解決機能が果たされる」という表現が用いられていることからすると，前者と解しているように読むのが自然でしょう。また，現在では，上記のとおり，過去の法律行為や法律関係であっても，紛争の直接かつ抜本的な解決につながる場合であれば，確認の利益を肯定するのが通説となっており，昭和47年判決も同様の発想に立つものと理解すべきでしょう。

もっとも，「遺言が有効であるとすれば，それから生ずべき現在の特定の法律関係が存在しないことの確認を求めるものと解される場合で，原告がかかる確認を求めるにつき法律上の利益を有するとき」に当たるのかは，将来に残された問題であるといえます。これは，「当事者間の紛争の直接的な対象である基本的法律行為たる遺言の無効の当否を判示することによって，確認訴訟のもつ紛争解決機能が果たされる」場合であると考えられますが，やはり基準としては不明確だと言わざるを得ません。この点について，学説上は，(a)当該過去の法律関係（法律行為）を判決により確定することで原告の法的地位が安定し，事後の紛争処理の基点となり得ること，(b)そのことを原告が現在確定する必要性（緊急性）があること，(c)法的安定性の形成のために確認の訴えが適切であることが判断要素として重要であるとの指摘があります。

司法試験では，平成25年度に昭和47年判決の射程を問う問題が出題されていますので，余裕がある読者は，これらの判断要素を参考にチャレンジしてみてください。

**(2)** 本問へのあてはめ

本問は，問題文から具体的な事実関係が明らかではありませんので，「遺言が有効であるとすれば，それから生ずべき現在の特定の法律関係が存在しないことの確認を求めるものと解される場合で，原告がかかる確認を求めるにつき法律上の利益を有するとき」に関する詳細なあてはめまでは不要です。①Aが死亡時に遺贈の目的となっている全財産を所有していたこと，②CはAの（唯一の）相続人であることを指摘しておけば足りるでしょう。

## 2 ③Aが生存中の場合について

**1** 最判昭31.10.4（以下「昭和31年判決」といいます。）

では，遺言者の生存中はどうでしょうか。遺言は遺言者の死亡時から効力を生じるものですので（民法985条１項），遺言者の生存中は，遺言はまだ効力を生じておらず，遺贈によって生じることになる受遺者の権利も未発生の状態だということになります。

この点について，昭和31年判決は，生存中の遺言者が受遺者を被告として，自らがした遺言が無効であることの確認を求めた訴えについて，「元来遺贈は死因行為であり遺言者の死亡によりはじめてその効果を発生するものであって，その生前においては何等法律関係を発生せしめることはない。それは遺言が人の最終意思行為であることの本質にも相応するものであり，遺言者は何時にても既になした遺言を任意取消（筆者注：現在では「撤回」（民法1022条），以下同じ。）し得るのである。従って一旦遺贈がなされたとしても，遺言者の生存中は受遺者においては何等の権利をも取得しない。すなわちこの場合受遺者は将来遺贈の目的物たる権利を取得することの期待権すら持ってはいないのである。それ故本件確認の訴は現在の法律関係の存否をその対象とするものではなく，将来被上告人が死亡した場合において発生するか否かが問題となり得る本件遺贈に基ずく法律関係の不存在の確定を求めるに帰着する。しかし現在においていまだ発生していない法律関係のある将来時における不成立ないし不存在の確認を求めるというような訴［は］，訴訟上許されないものである」として，確認の利益を否定しました。

昭和31年判決は，「将来被上告人が死亡した場合において発生するか否かが問題となり得る本件遺贈に基ずく法律関係の不存在の確定を求めるに帰着する」と述べていることからして，確認の利益のうち，㋑確認対象の適切性について判断し，上記訴えを将来の法律関係の確認を求めるものであるとみて，これを否定したものと考えられます。

**2** 最判平11.6.11【百選26】（以下「平成11年判決」といいます。）

平成11年判決は，本問の素材とした判例です。

平成11年判決の事案では，推定相続人が遺贈の相手方に対して提起した遺言無効確認の訴えの適法性が問題となったのですが，この事案では，遺言者がアルツハイマー病にかかり，遺言の撤回又は変更の余地が実際上ないと認められるという特殊性がありました。昭和31年判決が，遺言の撤回（又は変更）の余地があることを理由として確認の利益がないと判断したのであれば，この事案では確認の利益が認められるとも考えられなくはありません。

しかし，平成11年判決は，「遺言は遺言者の死亡により初めてその効力が生ずるものであり（民法985条１項），遺言者はいつでも既にした遺言を取り消すことができ（同法1022条），遺言者の死亡以前に受遺者が死亡したときには遺贈の効力は生じない（同法994条１項）のであるから，遺言者の生存中は遺贈を定めた遺言によって何らの法律関係も発生しないのであって，受遺者とされた者は，何らかの権利を取得するものではなく，単に将来遺言が効力を生じたときは遺贈の目的物である権利を取得することができる事実上の期待を有する地位にあるにすぎない（最高裁昭和……31年10月４日……判決……参照）。したがって，このような受遺者とされる者の地位は，確認の訴えの対象となる権利又は法律関係には該当しないというべきである。遺言者が心神喪失の常況にあって，回復する見込みがなく，遺言者による当該遺言の取消し又は変更の可能性が事実上ない状態にあるとしても，受遺者とされた者の地位の右のような性質が変わるものではない。」として，昭和31年判決と同様，確認の利益が認められないと判示しました。

平成11年判決は，「このような受遺者とされる者の地位は，確認の訴えの対象となる権利又は法律関係には該当しない」と判示しているところから，昭和31年判決と同様，確認の利益のうち，㋑対象選択の適切性の問題として事案を処理していることが分かります。もっとも，上記のように，昭和31年判決が，確認対象を将来の法律関係と捉えたのに対し，平成11年判決は，「受遺者とされた者は，何らかの権利を取得するものではなく，単に将来遺言が効力を生じたときは遺贈の目的物である権利を取得することができる事実上の期待を有する地位にあるにすぎない」と判示していることから，確認対象を現在の法律関係（遺言者の死亡により遺贈を受けることになる受遺者の地位）と捉えているようです。ただ，いずれにしても，㋑対象選択の適切性を欠くとして，確認の利益を否定したという点では変わりがありません。

これに対して，学説上は，この問題を㋑対象選択の適切性の問題ではなく，㋒即時確定の利益の問題として処理すべきであるとする見解が有力に主張されています。この有力説は，判例のように，確認対象を受遺者の有する現在の権利又は法律関係であると解するとしても，遺言の成立と同時に受遺者には具体的な期待権が生じるのだから，現在の権利である期待権は確認対象としての適格が認められるとします。その上で，上記のように遺言の撤回（又は変更）の可能性がない以上，相続権という推定相続人の現在の権利に対する具体的な危険・不安が存在するということができると論じます。もっとも，この問題を㋒即時確定の利益の問題として処理すべきであるとする見解の中でも，遺言者の病状が回復する見込みがなく，遺言の撤回（又は変更）の可能性が事実上ないからといって，遺言者の生存中は遺言者の個々の財産について推定相続人が実体法上の権利を有さないことには変わりはないのだから，推定相続人の具体的な権利に現実の危険や不安が存在する場合には当たらず，即時確定の利益は認められないとするものもあります。

以上のように見てくると，こうした見解の対立の背景には，推定相続人の上記のような期待権をどの程度保護すべきかという点に関する考え方の違いがあるといえるでしょう。それだけでなく，確認の利益の判断基準の役割や位置付けとも絡んでくるため，非常に複雑な議論の様相を呈しています。

**3**　本問へのあてはめ

本問でも，①「重度の認知症であるAは，自己の所有する全財産をBに遺贈する旨の遺言を作成した後，回復の見込みがなくなり，後見開始の審判を受けた。」という平成11年判決と同様の事実関係がありますので，基本的に判例の立場に立ち，②Cは，遺言無効確認の訴えを提起することができないと論じれば足ります。

もっとも，本問は，実質的には一行問題なので，判例の立場を紹介（批判）しつつ，学説の立場に立ち，論述に厚みを持たせるという戦略もあり得るかもしれません。

## ■答案構成

第1　A死亡後について

1　Cの訴えが適法となるためには，確認の利益が認められなければならない

↓

2　確認の訴えの利益（確認の利益）

↓

3　あてはめ（対象選択の適切性中心）

↓

4　Aの死亡後にCが遺言無効確認の訴えを提起することは許される

第2　A生存中について

1　遺言者Aの生存中に遺言無効確認の訴えを提起することができるか

↓

2　遺言者が生存中に受遺者に対して提起する遺言無効確認の訴えの利益

↓

不適法説

3　Cの遺言無効確認の訴えは，確認の利益を欠き不適法

## 解答例

第1　A死亡後について

1　本問では，Aの唯一の相続人であるCが，遺言者Aが死亡した後に遺言無効確認の訴えを提起しているが，この訴えが適法となるためには，確認の利益が認められなければならない。

もっとも，確認の利益の有無についての判断基準は条文上明らかではないから，解釈問題となる。

2　確認の訴えは，一定の権利ないし法律関係を専ら既判力によって確定し，紛争を予防・解決することを目的とする。しかし，確認判決は執行力を伴わないので紛争解決方法として多くの場合迂遠であり，また，確認の対象となる事項も論理的には無制限であるので，訴えの利益を吟味する必要性が高い。

したがって，確認の利益は，真に紛争解決の必要性・実効性が認められる場合にのみ認められると解する。具体的には，①確認の訴えという訴訟形態を選択することの適否（方法選択の適否），②確認対象の選択の紛争解決にとっての適否（対象選択の適否），③原告の地位に対する不安の存在とその切迫性の有無（即時確定の利益），という観点を中心に判断すべきである。

3(1)　遺言無効確認の訴えは，形式上過去の法律行為の確認を求めるものであるため，対象選択の適切性を欠くとも思える。

しかし，当事者間の紛争の直接的な対象である基本的法律行為たる遺言の無効の当否を判断することによって，確認訴訟の持つ紛争解決機能が果たされ，直接かつ抜本的な紛争解決に資する場合がある。

したがって，遺言が有効であるとすれば，それから生ずべき現在の特定の法律関係が存在しないことの確認を求めるものと解される場合で，原告がかかる確認を求めるにつき法律上の利益を有するときには，②対象選択の適切性が認められる。

本問では，Aは死亡時に遺贈の目的となった財産を所有しており，かつCはAの相続人であるから，Cは上記確認を求めるにつき法律上の利益を有するといえる。

したがって，②対象選択の適切性が認められる。

(2)　また，Aが既に死亡している以上，遺言の効力が生じており（民法985条1項），相続人であるCの権利に現実の危険や不安が存するため，③即時確定の利益もあり，①その他に適切な訴訟形態も考え難い。

4　よって，確認の利益が認められ，Aが死亡した後にCが遺言無効確認の訴えを提起することは許される。

第2　A生存中について

1　では，推定相続人であるCは，遺言者Aの生存中に遺言無

---

←A死亡後について

←確認の利益について

←論証

←一般論はもう少し短くても構いません

←遺言無効確認の訴えの適法性確認対象は，過去の法律行為であると見ました

←本問では，問題文の事情から明らかではないので，この程度で足りるでしょう

←その他の要件のあてはめ

←A生存中について

効確認の訴えを提起することができるか。上記と同様に，確認の利益の有無を検討する。

2(1)　確かに，確認対象は受遺者Bが遺贈を受ける権利・地位にないことという現在の法律関係と解することができる。

しかし，遺言は遺言者の死亡により初めてその効力を生じ（民法985条１項），また，遺言者はいつでも既にした遺言を撤回し，又は変更することができる（民法1022条等）から，受遺者とされた者は，将来遺言が効力を生じたときに遺贈の目的たる権利を取得できるという事実上の期待を有する地位にあるにすぎない。

したがって，これは「法律関係」とは言い難いものであるから，確認対象としての適切性を欠くことになるのが原則である。

(2)　そして，遺言者が心神喪失の常況にあって回復の見込みがない場合であっても，かかる受遺者の地位に変化はなく，単に権利を取得できる事実上の期待の程度が高まるにすぎないといえる。

したがって，遺言者の生存中における推定相続人による遺言無効確認の訴えは，遺言者が心神喪失の常況にあって回復の見込みがなくとも，②確認対象としての適切性を欠くものと解すべきである。

(3)　したがって，遺言者Aが生存中である場合には，受遺者

確認対象は，現在の権利又は法律関係であると見ました

論証

判例の見解で論じました

の地位は，法的に認められた地位ではなく，②確認対象として適切ではない。

3　以上から，遺言者Aが生存中である場合には，Cの遺言無効確認の訴えは，確認の利益を欠き不適法である。

以　上

## ● 合格者の問題メモ

重度の認知症であるAは，自己の所有する全財産をBに遺贈する旨の遺言を作成した後，回復の見込みがなくなり，後見開始の審判を受けた。

この遺言につき，Aの唯一の相続人であるCは，遺言無効確認の訴えを提起することができるか。Aが生存中の場合と死亡後の場合に分けて検討しなさい。

## ● 合格者の答案構成

1 ~~生存中~~ 死亡後

(1) 確認の利益 3要件

(2) ①過去? → 現在

②既判力 → 方法OK

③即時 OK

(3) OK

2 生存中

(1) 3要件

① 将来? → そもそも権利 現時点では ×

(2) ×

## 合格者の答案例

1 死亡後の場合

(1) Cは遺言無効確認の訴えを提起するところ、確認の利益が認められるか問題となる。

(2) 確認の利益は対象が無限定であり、執行力がないため、紛争の抜本的解決に資する場合に限り認められる。具体的には、①対象選択の適否、②方法選択の適否、③即時確定の利益の観点から判断すべきである。

(3) ア ここで、①対象選択の適否の判断にあたっては、自己の現在の権利法律関係の積極的確認であるかを考慮すべきである。

本件のような遺言無効確認訴訟は、過去の法律関係の確認とも思える。もっとも、その実質は、遺言が有効であるとすれば生ずべき現在の特定の法律関係が存在しないことの確認であるといえる。

よって①も対象選択は適当である。

イ ②について、現在の各有持分確認の訴えで良いようにも思える。しかし、遺言は様々な法律関係を一気に定める性質を有するから、それぞれの遺産や法律関係につき訴えを提起することは煩雑であるし、遺産分割の前提として遺言の効力を既判力により確定する必要がある。

よって②方法選択は適切である。

ウ ③について、現在遺言中の権利関係につき争いがあるので、遺言の効力を確定することが紛争の直接的かつ抜本的解決のために適切かつ必要であり、③即時確定の利益が認められる。

(3) 以上より、確認の利益が認められ、Cは遺言無効確認の訴えを提起することができる。

2 生存中の場合

(1) 上記基準で確認の利益があるか検討する。

(2) 遺言の効力は死亡時に発生し（民法985条1項）、遺言者はいつでも撤回できるので（同法1022条）、受遺者とされた者は遺言が効力を生じたときに遺贈の目的たる権利を取得できるという事実上の期待を有する地位にあるにすぎない。よって、当該地位は確認訴訟の対象となるべき権利又は法律関係に該当しない。そして、遺言者が回復見込みがなくなり、後見開始の審判をうけた場合であっても、上記事実上の期待が高まるにすぎないため、①対象選択が不適当といえる。

(3) したがって確認の利益は認められず、Cは遺言無効確認の訴えを提起できない。

以上

45
46
47
48
49
50
51
52
53
54
55
56
57
58
59
60
61
62
63
64
65
66
67
68
69
70
71
72
73
74
75
76
77
78
79
80
81
82
83
84
85
86
87
88

# 第7問

①Xは，Zに対して，900万円を貸し付けたが，Zは無資力状態にあるため，全く返済の目処が立っていない。Xは何とかして債権を回収すべく，Zの身辺調査を行ったところ，ZがYに対して500万円の貸金債権を有していることを知った。

②そこで，Xは，債権者代位権を行使して，Yに500万円の支払を求める訴訟を提起した（以下「本件訴訟」という。）。本件訴訟は適法に提起されたものとする。

③一方で，Zは，本件訴訟の係属中に，Yに対して，ZがYに対して有する上記貸金債権の支払を求めて別訴を提起した。

④この訴えの適法性について論じなさい。

## 出題論点

・二重起訴の禁止……………………………………………………………A

## 問題処理のポイント

本問は，債権者代位訴訟と二重起訴に関する理解を問う問題です。

二重起訴については，禁止の趣旨を巡って学説上争いがありますが，ひとまずは伝統的通説の立場に立って論じられれば十分でしょう。それよりも，伝統的通説の立場に従って趣旨を論じ，要件を定立できること，判例の立場をしっかりと理解し，またそれを前提として具体的事案を処理することができることの方が重要です。後者について，例えば，平成27年司法試験民事系科目第３問（民事訴訟法）設問１では，相殺の抗弁と二重起訴に関する判例の理解を正面から問う問題が出題されています。なお，二重起訴の禁止については，第16問でも扱っていますので，併せて参照してください。

債権者代位訴訟については，その構造を理解することが重要です。通説は，これを法定訴訟担当の一種であると理解しており，これによれば，被保全債権が訴訟担当者たる資格を基礎付けており，債務者の第三債務者に対する権利が訴訟物であるということになります。また，訴訟担当であると理解した場合，115条１項２号の適用によって，判決効（既判力）の拡張があります（もっとも，どの範囲で拡張を認めるかという点については争いがあります。）。本問でも，債権者代位訴訟の特質をどのように考慮するのか，という点を意識しながら検討できるとよいでしょう。

## ■ 答案作成の過程

### 1 二重起訴の禁止

142条は，「裁判所に係属する事件については，当事者は，更に訴えを提起することができない。」と定めているところ，「事件」の同一性については，当事者の同一性と訴訟物たる権利又は法律関係（審判対象）の同一性という観点から判断されると解されています（ただし，後者については，どの範囲で同一性を認めるべきか学説上対立があります。この点については，第16問参照）。

②本件訴訟も③ZのYに対する訴訟も，ZのYに対する500万円の貸金債権を訴訟物としますので，どのような立場に立ったとしても，訴訟物たる権利又は法律関係の同一性は認められることになります。

一方で，当事者（原告）は，XとZで，形式的には同一ではありません。

しかし，債権者代位訴訟は法定訴訟担当であると解されており，被担当者たる債務者（Z）にも判決効が拡張されます（115条1項2号。なお，判決の効力は有利・不利を問わず債務者に及ぶと解するのが判例です（大判昭15.3.15）。）。

そうすると，二重起訴の禁止の理由である，判決効の矛盾抵触の可能性が生じます。また，上記のように，訴訟物が同一であることからすると，審判の重複による不経済・被告の応訴の煩という弊害も生じることになります。

したがって，この場合には，形式的に当事者が別であったとしても，二重起訴の禁止に触れるとするのが通説です。

本問でも，通説の立場に従えば，二重起訴の禁止に触れ，④訴えは不適法であるということになります。

### 2 補論

**1** 平成29年民法改正前は，債権者が適法に代位権の行使に着手した場合には，債務者に対してその事実を通知するか，又は債務者がそれを知ったときに，当事者適格を欠くとされていた（大判昭14.5.16）ため，債務者は，債権者の当事者適格（被保全債権）を争うときには独立当事者参加（権利主張参加）をし（最判昭48.4.24【百選108】），これを争わないときには共同訴訟的補助参加をするべきであると解されていました。

**2** しかし，平成29年民法改正によって，「債権者が被代位権利を行使した場合であっても，債務者は，被代位権利について，自ら取立てその他の処分をすることを妨げられない」（民法423条の5）と定められたため，債権者が被代位権利を行使した後も，当事者適格は失われないことになります。

**3** そこで，債務者の参加形態が問題となりますが，債権者の被保全債権を争わない場合には，共同訴訟参加をすることができます（52条）。これに対して，債権者の被保全債権を争う場合に，独立当事者参加をすることができるかは争いがあります。

## ■答案構成

1　二重起訴の禁止

↓

2　要件

↓

3　当事者の同一性，審判対象の同一性

↓

あてはめ

↓

4　不適法

## □解答例

1　Ｚによる訴え提起は，「更に訴えを提起する」ものとして，二重起訴（142条）に該当し，不適法なものとなるのではないか。

2　二重起訴は，同一の訴えの提起を禁止するものである（142条）。そこで，二重起訴の禁止に触れるか否かは，基本的には当事者の同一性，審判対象の同一性をもって判断すべきである。

3(1)　まず，債権者代位訴訟の訴訟物は被代位権利であるから，審判対象の同一性が認められることは明らかである。

←論証

(2)　一方で，確かにＸＹ間の訴訟とＺＹ間の訴訟では当事者が異なるから，当事者の同一性が認められないかに思える。

しかし，かかる判断に当たっては，二重起訴の禁止の趣旨である，訴訟経済，相手方の応訴の煩の防止，判決の矛盾抵触の回避という観点から，実質的になされるべきである。

そこで，このような観点から検討すると，ＸのＹに対する訴えは債権者代位訴訟であり，法定訴訟担当であるところ，115条１項２号によりＸＹ間の訴訟の確定判決の既判力はＺに対しても及ぶ。そうすると，既判力の矛盾抵触の防止という観点から，142条の趣旨が及ぶ。

また，訴訟物は，上記のように被代位権利であるから，Ｙの応訴の煩や訴訟不経済の防止という観点からも，同条の趣旨が及ぶ。

以上から，ＺのＹに対する訴訟は，二重起訴の禁止の趣旨に触れるから，実質的にみて当事者の同一性は認められるというべきである。

4　したがって，ＺからＹに対する訴えは，142条により不適法である。

以　上

## ● 合格者の問題メモ

Xは，Zに対して，９００万円を貸し付けたが，Zは無資力状態にあるため，全く返済の目処が立っていない。Xは何とかして債権を回収すべく，Zの身辺調査を行ったところ，ZがYに対して５００万円の貸金債権を有していることを知った。

そこで，Xは，債権者代位権を行使して，Yに５００万円の支払を求める訴訟を提起した（以下「本件訴訟」という。）。本件訴訟は適法に提起されたものとする。

一方で，Zは，本件訴訟の係属中に，Yに対して，ZがYに対して有する上記貸金債権の支払を求めて別訴を提起した。

この訴えの適法性について論じなさい。

## ● 合格者の答案構成

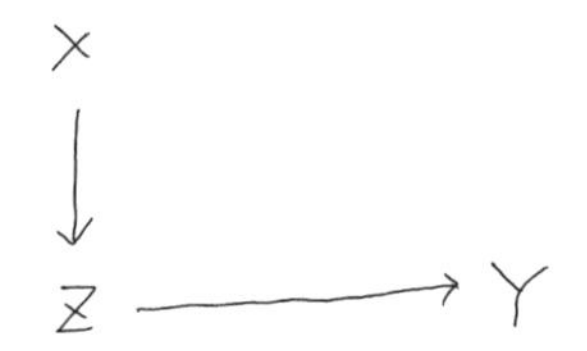


1. 142条

本件訴訟の訴訟物

ZY 貸金債権 → 訴訟物 ）同一

XはZの法定訴訟担当 → 当事者

↓

重複起訴

↓

独立当事者参加（47）

2 当事者適格

民法423の6

## 合格者の答案例

第1 重複起訴の禁止について
1. 民事訴訟法（以下法令名略）142条は、「裁判所に係属する事件については、重複起訴を禁止している。
ここで「事件」の同一性とは、当事者の同一性と事件の同一性が揃え、いずれかでも異なった場合には、「事件」の同一性はないというべきである。
2. (1) 当事者の同一性については、当事者そのものでなくても当該訴訟の既判力が及ぶ者は、当事者に当たると解する。重複起訴の禁止の趣旨は、①被告の応訴の煩、②訴訟不経済、③矛盾審判のおそれの回避にある。当該訴訟の既判力が及ぶ者について、上記の当事者に含めない場合には、矛盾審判のおそれが生じ、訴訟不経済となるからである。
(2) 本件では、Xは債権者代位権を行使して本件訴訟を提起している。
債権者代位権を行使して訴訟を提起した場合の原告は、債務者の法定訴訟担当であり、その既判力は、115条1項2号により債務者に及ぶ。
本件では、本件訴訟~~の既判力~~は、ZがYに対して有する500万円の貸金債権を、Zの債権者であるXが代位して訴訟提起したものである。よって、本件訴訟の既判力はZに及ぶ。
したがって、Zは当事者に当たるというべきである。
3. (1) 事件の同一性とは、訴訟物の同一性をいう。
(2) 債権者が債権者代位権を行使して訴訟を提起した場合、訴訟物は、債権者代位権の対象である債務者が第三債務者に対して有する権利である。
(3) 本件では、本件訴訟は~~本~~ZがYに対して有する500万円の貸金債権を、Zの債権者であるXが代位して訴訟提起したものである。よって、訴訟物は、ZがYに対して有する500万円の貸金債権である。
他方、Zが提起した別訴の訴訟物は、ZがYに対して有する500万円の貸金債権である
よって、本件訴訟とZが提起した別訴（以下「本件別訴」という。）との訴訟物は同一である。したがって、事件は同一性を有するといえる。
4 以上から、本件別訴~~と~~と本件訴訟は、「事件」の同一性を有し、本件別訴は、そのまま提起された場合には重複起訴に当たり、142条に反することになる。
5. もっとも、~~を~~Zが本件別訴を独立当事者~~訴訟~~参加（47条1項）として提起した場合には、142条に反しない。
独立当事者~~訴訟~~参加は、既に提起されている訴訟との併合審理が強制され、訴訟の目的は合一に画定される。よって、被告の応訴の煩、訴訟不経済、矛盾審判

のおそれは生じないからである。
本件では、Zが独立当事者参加として、本件別訴を提起した場合には、本件訴訟と併合審理されることから、Yの応訴の煩、訴訟不経済、矛盾審判のおそれは生じないので、142条に反することはない。

第2　当事者適格について

1. Zの独立当事者参加により142条に抵触しないとしても、民法423条の6により、XはZに訴訟告知をすることが義務付けられており、Zは債権者代位の目的となった権利について訴えを提起することができなくなる。

2. そこで、債権者代位権を行使して提起した訴訟において、債務者が独立当事者参加をした場合、審理の結果、債権者の債務者に対する債権が適法に存在すると認定されたときは、債務者は当事者適格を欠き、独立当事者参加は不適法となり、債権者の債務者に対する債権が存在しないと認定されたときは、債務者は当事者適格を有し、独立当事者参加は適法である

3. 本件では、本件訴訟は適法に提起されていることから、XのZに対する900万円の貸金債権は適法に存在している。よって、ZはYに対する500万円の金銭支払請求権を行使することができず、独立当事者参加をする当事者適格を有しないといえる。

4. 以上から、Zには当事者適格がなく、本件別訴は違法である。

以上

# 第8問

①貸金返還請求訴訟における被告の次の陳述の訴訟法上の問題点について説明せよ。

1 ②「金銭を受け取ったことはあるが，贈与を受けたものである。」との陳述

2 ③「金銭を受け取ったことはあるが，弁済した。」との陳述

3 ④原告が書証として提出した借用証書について，「署名したことを認める。」との陳述

（旧司法試験　昭和55年度第２問）

## 出題論点

・陳述の訴訟法上の意味

・裁判上の自白の効力（裁判所拘束力）……………………………………… A

・裁判上の自白の効力（当事者拘束力）……………………………………… A

## 問題処理のポイント

本問は，陳述の訴訟法上の意味の理解を問う問題です。旧司法試験昭和55年度第２問で出題された問題をそのまま用いています。なお，旧司法試験平成９年度第１問では，「原告の法律上及び事実上の主張に対して被告がする陳述の態様とその効果について説明せよ。」という形で，本問と同様の論点が一行問題として問われています。

ポイントになるのは，(a)問題となっている法的根拠，実体法上の要件及びその立証責任を正確に把握すること，(b)認否を１つ１つの要件について検討することです。また，(a)に関連しますが，(c)問題となっている事実が主要事実なのか間接事実なのかという区別も重要です。答練や模擬試験でこのタイプの問題を出題すると，間接事実であるにもかかわらず，その点を無視して主要事実として扱い，自白の拘束力の有無等を論じる答案が多くみられるからです。

## ■ 答案作成の過程

### 1 陳述の種類

**1** 訴訟上の陳述の種類

本問では，①「貸金返還請求訴訟における被告の次の陳述の訴訟法上の問題点について説明せよ。」と問われていますので，まずは，訴訟上の陳述の種類について整理しておきましょう。

事実上の主張に対する被告の陳述としては，自白，否認，不知，沈黙の４種類があります。

自白とは，相手方の主張事実を認める（争わない）旨の陳述
否認とは，相手方の主張事実を認めない（否定する）旨の陳述
不知とは，相手方の主張事実を知らない旨の陳述
沈黙とは，相手方の主張事実を明らかには争わないこと

をいいます（なお，自白は，厳密には，口頭弁論又は争点整理手続期日において，相手方が主張する自己に不利益な事実を争わない旨の，当事者の弁論としての陳述であると定義されています。この点については，**第17問**を参照)。

自白された場合には，証明することを要せず（179条），弁論主義（第２テーゼ）の下でその事実を前提として裁判が行われることになります。

否認された場合には，証拠調べが必要となります。

不知とされた場合には，否認と推定されます（159条２項）。

沈黙の場合には，弁論の全趣旨からみて争っているものと認められない限り，自白とみなされます（159条１項，擬制自白）。

**2** 否認と抗弁の違い

抗弁とは，請求原因事実と両立する事実で，訴訟物である権利の存在を否定する事実を言います。

否認と抗弁の違いが分からなくなる方がいますが，否認は，上記のように，相手方の主張事実（この場合は，請求原因事実）を「認めない（否定する)」旨の陳述です。これに対して，抗弁は，「請求原因事実と両立する事実」ですので，相手方の主張事実の否定という趣旨は含みません。この点で区別することができます。

### 2 各小問の検討

**1** 貸金返還請求訴訟の請求原因事実（要件事実）

被告の陳述の意味を考えるに当たっては，原告が主張する請求原因事実（要件事実，主要事実）がどのようなものなのかを把握しておかなければなりません。

貸金返還請求訴訟における請求原因事実は，(a)金銭の授受，(b)返還合意（約束）の２点です（なお，いわゆる貸借型理論を巡って要件事実論の分野で激しい見解

の対立がありますが，ここでは割愛します。お手持ちの要件事実の教科書を参照してください。)。

**2** 小問1について

被告の，②「金銭を受け取ったことはあるが，贈与を受けたものである。」との陳述は，㋐「金銭を受け取ったことはある」という部分と，㋑「贈与を受けたものである」という部分の2つに分けられます。

まず，㋐については，(a)金銭の授受を認める旨の陳述になりますので，自白に当たります。

次に，㋑については，(b)返還合意（約束）と両立しない事実を主張するものになりますので，否認に当たります。なお，㋑は，なぜ(b)返還合意（約束）を否認するのかという理由を述べるものですので，これは理由付き否認（積極否認）と呼ばれる否認の類型になります。

陳述の訴訟法上の意味については以上のとおりですが，本問では，「訴訟法上の問題点」が問われていますので，その結果どうなるかという点まで答えておいた方がよいでしょう。

まず，(a)については，証明することを要せず（179条），その事実を前提として裁判が行われることになります。また，下記のように主要事実については当事者拘束力が認められることに争いはありませんので，原則として被告は撤回することができなくなります（撤回することができるのは，自白が相手方の刑事上罰すべき行為に基づいてなされた場合，相手方の同意がある場合，事実が真実に反し，かつ錯誤に基づいてなされた場合のみであると解されています。)。

一方で，(b)については，証拠調べが必要となります。具体的には，(b)の事実について証明責任を負う原告が，証拠を提出して，その事実が認められることを立証しなければなりません。

**3** 小問2について

被告の，③「金銭を受け取ったことはあるが，弁済した。」との陳述も「金銭を受け取ったことはある」という部分と，㋒「弁済した」という部分の2つに分けられます。

前者については，㋐と同様に自白に当たります。

次に，㋒ですが，これは，原告が主張する請求原因事実(a)(b)と矛盾するものではありません（両立する事実です。)。そのため，否認ではなく，抗弁になります（弁済済みの抗弁)。

このように，自白をしつつ抗弁を提出することを，制限付き自白といいます。

以上から，(a)については，小問1と同様，証明することを要せず，その事実を前提として裁判が行われることになります。

一方で，(b)については，必ずしも問題文の事実から明らかではない部分があるものの，被告が認否を明らかにしていないため，他に何らの主張もしていないとすれば，沈黙となります。沈黙となった場合には，自白と同様の取扱いになりますので，(a)と同様，証明することを要せず，その事実を前提として裁判が行われることになります。なお，擬制自白が成立した場合，当事者の訴訟行為がないため，当事者拘束力は発生しないと解されています。

また，被告が抗弁を提出していますので，原告がこれを争う（否認する）場合には，立証責任を負う被告の方で，証拠を提出して立証しなければなりません。

**4** 小問３について

被告の，④原告が書証として提出した借用証書について，㋓「署名したことを認める。」との陳述は，相手方の主張事実を認める（争わない）旨の陳述なので，自白に当たります。

もっとも，㋓は，原告が主張する請求原因事実(a)(b)とは関係がありませんので，主要事実の自白ではありません。

この点については，別途書証の知識が必要になります。書証については，成立の真正を証明しなければならないとされているところ（228条１項），借用証書のような私文書については同条４項が推定規定を置いており，「私文書は，本人又はその代理人の署名又は押印があるときは，真正に成立したものと推定する。」と規定されています。なお，文書の成立の真正については，**第12問**で詳しく取り扱います。

そうすると，「署名したことを認める。」との陳述は，「本人……の署名」を認めるもの，つまり，文書の成立の真正の前提事実を認めるものになります。

これは，借用証書の（形式的）証拠力に関わる事実ですので，補助事実に当たります。

したがって，上記の陳述は，補助事実の自白としての意味を持ちます。

補助事実の自白が行われた場合に不要証効が発生することは，学説上一般に承認されています。問題は，拘束力が生じるかどうかです。

一般に，裁判所拘束力や当事者拘束力が及ぶ範囲は，主要事実に限られると解されています（最判昭31.5.25，最判昭41.9.22【百選54】）ので，補助事実の自白には拘束力が生じないのが原則です。もっとも，補助事実の中でも，文書の成立の真否に関わる事実については主要事実に準じる取扱いをするべきであるとする学説があります。書証は，他の証拠と比較して，要証事実の認定において極めて重要な役割を担っていることなどがその理由とされています。特に，本問における借用証書のような処分証書の場合，文書の成立の真正が認められ，形式的証拠力が肯定されれば，特段の事情がない限り，主要事実（本問では，(a)(b)の事実）が認定できると解されていることから，処分証書の成立の真正の場合には，拘束力を認めるとする見解もあります。

しかし，判例は，「書証の成立の真正についての自白は裁判所を拘束するものではないと解するのが相当である」として裁判所拘束力を否定しています（最判昭52.4.15)。同判決が，明示的に判示しているわけではありませんが，前掲最判昭41.9.22【百選54】が，間接事実については当事者拘束力を否定していること（なお，この事案において自白された事実がそもそも間接事実なのか，という点には強い疑問が呈されています。お手持ちのテキストや判例集で確認しておいてください。)，前掲最判昭52.4.15の判旨は，文書の成立についての自白の撤回を認めた原審を非難する上告理由に答えたものであることからすれば，当事者拘束力も否定する趣旨であると解されます。

したがって，「本人……の署名」がなされたことについて，原告は，証明する必要はありませんが，裁判所がこれと異なる事実を認定することは妨げられませんし，また，被告がこれを撤回することもできるということになります。

## ■ 答案構成

第１　小問１について

１　「金銭を受け取ったことはある」という部分の陳述について

(a)金銭の授受についての自白となる

↓

２　「贈与を受けたものである」という部分の陳述について

(b)返還合意（約束）についての積極否認となる

↓

３　その後の審理について

(a)については，不要証となる，拘束力も発生

↓

(b)については，証拠調べが必要となる

→証明責任を負う原告が，証拠を提出して，その事実が認められることを立証しなければならない

第２　小問２について

１　「金銭を受け取ったことはある」という部分の陳述について

(a)金銭の授受についての自白となる

↓

２　「弁済した」という部分の陳述について

↓

抗弁となる→併せて制限付き自白となる

↓

３　その後の審理について

(a)については，不要証となる，拘束力も発生

↓

(b)については，沈黙となる可能性あり

→不要証となり，裁判所はそれを前提として裁判を行うことになる

↓

抗弁については，立証責任を負う被告が，証拠を提出して，その事実が認められることを立証しなければならない

第３　小問３について

１　「署名したことを認める。」との陳述は，補助事実の自白に当たる

↓

２　不要証効が発生する（179）が，拘束力は発生しない

↓

３　「本人……の署名」（228Ⅳ）がなされたことについて，原告は，証明する必要はないが，裁判所がこれと異なる事実を認定することは妨げられないし，また，被告がこれを撤回することもできる

## □解答例

第１　小問１について
１　「金銭を受け取ったことはある」という部分の陳述について
　貸金返還請求訴訟における請求原因事実は，(a)金銭の授受（交付），(b)返還合意（約束）である。
　上記陳述は，このうち，(a)の事実を認めるものである。
　したがって，相手方の主張する自己に不利益な事実を認める（争わない）旨の陳述であるとして，自白となる。
２　「贈与を受けたものである」という部分の陳述について
　この部分の陳述は，(b)返還合意（約束）と両立しない事実を主張するものになるため，否認に当たる。そして，これは，なぜ(b)返還合意（約束）を否認するのかという理由を述べるものであるから，これは理由付き否認（積極否認）となる。
３　その後の審理について
　以上からすれば，(a)については，証明することを要せず（179条），その事実を前提として裁判が行われることになる。また，被告は原則として撤回することができなくなる。
　次に，(b)については，証拠調べが必要となる。具体的には，(b)の事実は請求権の発生原因事実であり，原告が証明責任を負うから，原告が，証拠を提出して，その事実が認められることを立証しなければならない。
第２　小問２について

←小問１について
←「金銭を受け取ったことはある」という部分の陳述について
←「贈与を受けたものである」という部分の陳述について
←その後の審理について
←証明責任の点について大展開するとバランスが崩れるため，この程度にとどめました
←小問２について

１　「金銭を受け取ったことはある」という部分の陳述について
　上記と同様，自白となる。
２　「弁済した」という部分の陳述について
　原告が主張する請求原因事実(a)(b)と矛盾するものではなく，訴訟物である権利の存在を否定する事実を陳述するものであるから，抗弁となる。
　なお，被告は，上記のように，自白をしつつ，抗弁を提出しているから，併せて制限付き自白となる。
３　その後の審理について
　(a)については，小問１と同様，証明することを要せず（179条），その事実を前提として裁判が行われることになる。また，被告は原則として撤回することができなくなる。
　(b)については，被告が認否を明らかにしていないため，他に何らの主張もしていないとすれば，沈黙となる。沈黙となった場合には，自白と同様の取扱いになるため（159条１項），(a)と同様，証明することを要せず，その事実を前提として裁判が行われることになる。なお，当事者の訴訟行為はないから，被告が撤回できなくなるという効果は生じない。
　また，被告が抗弁を提出しているところ，抗弁の立証責任は，それによって請求権の存在を否定することができる又はその行使を妨げることができる被告が負うから，原告がこれ

←「金銭を受け取ったことはある」という部分の陳述について
←「弁済した」という部分の陳述について
←その後の審理について
←(b)については必ずしも問題文から明らかではありませんが，沈黙と処理しました

を争う（否認する）場合には，立証責任を負う被告の方で，証拠を提出して立証しなければならない。

第３　小問３について

←小問３について

１　被告の，原告が書証として提出した借用証書について，「署名したことを認める。」との陳述は，相手方の主張事実を認める（争わない）旨の陳述なので，自白に当たる。

←陳述の意味

書証については，挙証者が成立の真正を証明しなければならないとされているところ（228条１項），借用証書のような私文書については，「本人……の署名」がある場合には，文書の成立の真正が推定される（228条４項）。

これは，借用証書の形式的証拠力に関わる事実であるから，補助事実に当たる。

したがって，上記被告の陳述は，補助事実の自白に当たる。

←補助事実の自白の効果

２　補助事実の自白が行われた場合には，不要証効が発生する（179条）。

では，それを超えて，裁判所及び当事者を拘束するか。

この点について，補助事実の中でも，文書の成立の真否に関わる事実については主要事実に準じる取扱いをするべきであるとの立場がある。書証は，他の証拠と比較して，要証事実の認定において極めて重要な役割を担っていることなどがその理由である。

←**論証**
←メイン論点なので，反対説まで紹介しました

しかし，裁判所に対する拘束力は，弁論主義の第２テーゼの帰結であるところ，弁論主義は，主要事実にのみ適用される。間接事実や補助事実は証拠と同じレベルに属するところ，これに弁論主義の適用を認めると，自由心証主義（247条）を阻害するおそれがあるからである。そのため，裁判所拘束力は主要事実についてのみ認められる。

←自白の拘束力の発生範囲

また，当事者拘束力は，裁判所拘束力を前提として，相手方当事者に対して与えた信頼を覆すことが禁反言の法理（２条）に照らして許されないことから帰結されるものである。そうだとすれば，当事者拘束力もまた，主要事実についてのみ認められる。

以上の理は，文書の成立の真否に関わる事実についても同様であって，上記理由はその例外を認めるに足りない。

３　したがって，「本人……の署名」がなされたことについて，原告は，証明する必要はないが，裁判所がこれと異なる事実を認定することは妨げられないし，また，被告がこれを撤回することもできるということになる。

以　上

## ● 合格者の問題メモ

貸金返還請求訴訟における被告の次の陳述の訴訟法上の問題点について説明せよ。

1　「金銭を受け取ったことはあるが，贈与を受けたものである。」との陳述

2　「金銭を受け取ったことはあるが，弁済した。」との陳述

3　原告が書証として提出した借用証書について，「署名したことを認める。」との陳述

## ● 合格者の答案構成

1. 小問1.

(1). ~~貸金返還請求~~

「金銭～ことはある」

自白成立か？

ア 自白定義 要件.

イ 当てはめ. OK

~~2. 小問2.~~

(2).「贈与」

否認.

2. 小問2.

(1)「金銭を～」

同じ.

2)「弁済した」

抗弁.

3. 小問3.

(1) 自白か

↓

NO

(2) もっとも…（処分証書）

## 合格者の答案例

1 小問1について

(1) 「金銭を受け取ったことはある」との主張について、裁判上の自白が成立しないか。

ア. 裁判上の自白とは、口頭弁論ないしは弁論準備手続における相手方の主張と一致する自己に不利益な陳述のことをいう。そして、「自己に不利益な」とは、明確性の見地から、自身が証明責任を負う場合のことをいうと解し、かかる証明責任の分担は、事実が有する効果の発生を主張する者が負うと考える。また、自白の対象となるのは主要事実であり、間接事実や補助事実については、自由心証主義（247条）の見地から、自白の対象にはならないと解する。

本問においてみるに、貸金返還請求を主張するために、原告は、金銭の交付及び返還約束を立証しなければならない（587条）。そして、「金銭を受け取ったことはある」という主張は、金銭の交付を認める主張であるから、原告が証明責任を負う主要事実といえ、裁判上の自白が成立する。

イ. 次に、自白の効果について検討するに、裁判上の自白によって、不要証（179条）となり、当事者及び裁判所に対して拘束力が生じる。また、自白をした者には信義則上、禁反言の原則によって、自白を撤回することが原則としてできなくなる。もっとも、自白が刑事上罰せられる行為によってなされた場合、相手方の同意がある場合、自白が真実に反し、錯誤による場合には、自白を撤回することができると解する。なぜなら、かかる場合には、相手方の保護を考える必要ない、あるいは、正常な意思に基づく自白とはいえず、拘束力を及ぼす根拠に欠けるからである。

(2) 「贈与を受けたものである」との陳述について

かかる主張は、原告の主張と一致するものではないから、自白は成立しない。もっとも、返還約束という原告が証明責任を負う事実とは両立しないことから、理由付否認といえる。

2. 小問2について

(1) 「金銭を受け取ったことはある」との陳述は、小問(1)と同様に、裁判上の自白が成立し、当事者及び裁判所に対する拘束力が生じる。

(2) 「弁済した」との陳述について

かかる主張は、原告が立証責任を負う返還約束と両立するが、貸金返還請求権の効果を失わせるものであるから抗弁に該当する。抗弁については、被告に立証責任があり、抗弁を立証できなければ、原告の請求が認容されることになる。

3. 小問3について

(1) 「署名したことを認める」という陳述は、補助事実に関するものであり、前述したように、自白の対象とはならない。

(2) もっとも、借用証書は、貸金返還訴訟においては、処分証書であり、通常の証拠よりも重要性が高いことから、例外的に自白の対象とならないか。

確かに処分証書は通常の証拠と比べて、証拠としての価値は大きいが、文書の成立の真正は、自由心証主義が妥当する文書の実質的証拠力を検討する上で、前提となるものである。そのため、これを自白の対象とすることは自由心証義を害し、妥当ではないといえる。

よって、自白の対象とはならない。

以上。

# 第9問

①XはYに200万円を貸し付けていたが，返済期日を過ぎても一向に返済の目処が立たないため，Yの唯一の財産であるZに対する100万円の貸金債権を代位行使する訴訟を提起した。

その後，②Xは第1回口頭弁論期日になって，訴えの取下げを申し立てたが，その翌日，Xは，受訴裁判所に対して，「前記取下げは，裁判外でZから脅迫されて行ったもので，真意に基づくものではない。」と主張し，期日指定の申立てをした。

③この場合，裁判所としてはどのような措置を講ずるべきか。

## 出題論点

・訴訟行為への私法規定の類推適用の可否 ………………………… B

## 問題処理のポイント

本問は，訴訟行為と私法行為の関係についての理解を問う問題です。

この問題については，判例が用いている再審事由の訴訟内顧慮という構成の当否も含め，学説上激しい議論がなされています。ただ，多くの見解において一致していることは，直ちに訴訟行為に私法行為の規定（意思表示規定）を適用することはできないという点です。訴訟行為には，手続の安定，裁判所の面前で厳粛に行われていることなどの性質があるからです。

このような訴訟行為の性質を踏まえ，どのような理論で結論の具体的な妥当性を図っていくのかという点が重要な視点になります。

ちなみに，訴訟行為と私法行為の規律の違いは，訴訟上の合意にも表れてきますが，この点については第10問で扱っていますので，併せて参照してください。

## 答案作成の過程

### 1 問題の所在

本問では，②Xは，Zに対して提起した債権者代位訴訟を取り下げていますが，これは「裁判外でZから脅迫されて行ったもので，真意に基づくものではない」と主張しています。そして，③このような主張があった場合，裁判所としてどのような措置を講ずるべきかが問われています。

仮に，真実Zから脅迫されて訴えを取り下げた場合，これに私法行為としての側面があれば，民法96条１項の適用によってその効力を否定することができます。しかし，訴えの取下げは，原告が自ら提起した訴えの全部又は一部を撤回する訴訟行為であるとされています。そのため，同項を用いて，直ちに訴えの取下げの効力を否定することはできません。

もっとも，真実脅迫行為が行われている場合には，取下げの効力を否定することを認めるべきでしょう。

そこで，訴訟行為である訴えの取下げの効力をどのようにして否定するのか，その法律構成が問題となります。

## 2 再審事由の訴訟内顧慮・私法規定の類推適用の可否

### 1 再審事由の訴訟内顧慮

この点について，判例は，再審事由の訴訟内顧慮という法律構成をもって対処するものと解されています。再審事由の訴訟内顧慮とは，再審事由を訴訟内において類推適用するという法律構成です。

訴えの取下げについて，最判昭46.6.25【百選91】は，「訴の取下は訴訟行為であるから，一般に行為者の意思の瑕疵がただちにその効力を左右するものではないが，詐欺脅迫等明らかに刑事上罰すべき他人の行為により訴の取下がなされるにいたったときは，民訴法420条１項５号（筆者注：現338条１項５号）の法意に照らし，その取下は無効と解すべきであり，また，右無効の主張については，いったん確定した判決に対する不服の申立である再審の訴を提起する場合とは異なり，同条２項の適用はなく，必ずしも右刑事上罰すべき他人の行為につき，有罪判決の確定ないしこれに準ずべき要件の具備，または告訴の提起等を必要としないものと解するのが相当である。」と述べています。

この立場によれば，本問でも，訴えの取下げの効力を否定することができます。

### 2 私法規定の類推適用の可否

これに対して，学説は，私法規定の適用ないし類推適用という法律構成を呈示しています。

従来，訴訟行為は裁判所に対してなされるものであるから，訴訟手続の安定を尊重し，また明確性を担保する観点から，表示主義，外観主義が貫徹され，私法規定の（類推）適用によりその効力が否定されることはないと考えられてきました。

これに対して，近時の有力説は，一概に私法規定の適用を排除すべきではなく，訴訟行為ごとに個別具体的に決すべきであるとした上で，訴えの取下げについては，これによって手続の新たな段階が築かれるのではなく，手続が終了するので，手続の安定を考慮する必要はないこと，訴え取下げは，訴訟外で当事者間で行われた交渉の結果作成された訴え取下書を被告が提出することによって行われることもあり，その場合裁判所の面前で厳粛に行われたとはいえず，表示主義，外観主義を貫徹する前提条件が備わっていないことなどを理由として，私法規定の（類推）適用を認めるべきであると主張しています。

この立場によっても，本問において訴えの取下げの効力を否定することができます。

**3** 本問へのあてはめ

Ｚによる脅迫が「刑事上罰すべき他人の行為」に当たる場合には，Ｘによる訴えの取下げは無効となります（上記判例によれば，有罪判決の確定は不要です。）。

一方で，Ｚによる脅迫が「刑事上罰すべき他人の行為」に当たるとまではいえない場合であっても，②Ｘは「前記取下げは，……真意に基づくものではない」と主張しており，錯誤（民法95条）に当たる場合が考えられます。私法規定の類推適用を認める学説の立場からは，錯誤無効の主張が認められる可能性があります。ただし，行為の性質上，錯誤の成立，又は表意者の重過失は，厳格に判断されるべきであるとの指摘もあり，私法規定の類推適用を認めるとしても，実際に錯誤の主張が受け入れられるかは別問題です。

## 3 ③その後の処理

上記のいずれかの構成によって，訴えの取下げの効力を否定することができたとした場合，その後の手続はどのようになるのでしょうか。主張方法は，原則として，期日指定の申立てであると解されています。訴えの取下げの有効・無効は，訴訟内の手続問題として，その訴訟内で解決するのが合理的だからです。②Ｘも，この主張方法をとっています。

本問でも，裁判所がＺによる脅迫の事実を認めた場合には，期日を指定し，①債権者代位訴訟の審理を続行すべきであるということになります。なお，訴えの取下げの無効については，中間判決（245条前段）で示してもよいし，終局判決の理由中で示してもよいと解されています。

一方で，裁判所が，訴え取下げを有効と判断したときは，「本件訴訟は，令和○年○月○日訴えの取下げによって終了した」という形で，判決で訴訟が終了していたことを宣言することになります（訴訟終了宣言）。

## ■ 答案構成

1　訴訟行為には，私法規定の類推適用はない

訴えの取下げの効果を否定できないのが原則

2　その例外として

(1)　再審事由の訴訟内顧慮

(2)　訴えの取下げに対する私法規定の類推適用の可否

(3)　あてはめ

3　訴えの取下げ無効の場合→期日を指定し，審理続行

訴えの取下げ有効の場合→訴訟終了宣言

## ■解答例

1(1)　本件では，XはZから脅迫されたことを理由として，期日指定の申立てをしている。仮に，真実としてXがZから脅迫を受けていたのであれば，強迫（民法96条１項）の規定が（類推）適用される可能性がある。

←原則の指摘

(2)　しかし，訴訟行為は，訴訟手続の一環をなし手続安定の要請が働く。このような要請から，訴訟行為については，独自の規制の必要性がある。

←論証

具体的には，訴訟行為においては外観主義，表示主義が強調され，意思表示の規定，特に錯誤など意思主義に立脚する規定は訴訟行為になじまない。

すなわち，原則として訴訟行為に意思表示の規定の（類推）適用はなく，訴えの取下げの効果は否定できないようにも思える。

2　もっとも，上記の例外が認められる。

←例外

(1)　まず，刑事上罰せられるべき他人の行為を契機としてなされた訴訟行為は，再審事由に該当する（338条１項５号）重大な瑕疵があるといえる。そうだとすれば，手続内でもこの無効を肯定してよい。このため，再審事由に関する規定を類推するのが妥当である。

←再審事由の訴訟内顧慮

この場合，同条２項の適用はないものと解すべきである。２項の要件は，再審の訴えがいったん確定した判決の取消しを求める新たな訴えであることから，濫訴のおそれを防止するため，１項各号所定の事由の存在する蓋然性が顕著な場合に限ってこれを許す趣旨であるところ，再審の訴えによるのではなく，判決確定前に個々の訴訟行為の効果を争う場合に，その要件を必要と解する実質的な根拠が乏しいからである。

(2)　また，刑事上罰せられるべき他人の行為に当たらない場合でも，その後に他の訴訟行為が重ねられることがなく，かつ意思表示の瑕疵を無視することが不利益を受ける者の権利を害する場合がある。この場合には，意思表示の規定の類推適用を肯定すべきである。手続の安定を害するおそれが少なく，当事者の権利保護の要請が強い場合だからである。

←私法規定の類推適用の可否

(3)　本件で，Zの脅迫が「刑事上罰すべき他人の行為」に該当し，338条１項５号を類推することで訴えの取下げの効果を否定できる。

←あてはめ

また，Zの脅迫が上記行為に該当しない場合であっても，Xは，強迫取消しの規定の類推適用によって，訴えの取下げの効果を否定できる。

3　訴えの取下げの効果が否定された場合には，旧訴の訴訟状態が復活すると解すべきであるし，訴えの取下げの有効・無効は，訴訟内の手続問題として，その訴訟内で解決するのが合理的であるから，裁判所はXの期日指定の申立てを受け，

←その後の処理

期日を指定し，債権者代位訴訟の審理を続行すべきである。なお，訴えの取下げの無効については，中間判決（245条前段）で示してもよいし，終局判決の理由中で示してもよい。

一方で，裁判所が，訴え取下げを有効と判断したときは，判決で訴訟が終了していたことを宣言することになる。

以　上

## ● 合格者の問題メモ

　ＸはＹに２００万円を貸し付けていたが，返済期日を過ぎても一向に返済の目処が立たないため，Ｙの唯一の財産であるＺに対する１００万円の貸金債権を代位行使する訴訟を提起した。

　その後，Ｘは第１回口頭弁論期日になって，訴えの取下げを申し立てたが，その翌日，Ｘは，受訴裁判所に対して，「前記取下げは，裁判外でＺから脅迫されて行ったもので，真意に基づくものではない。」と主張し，期日指定の申立てをした。

　この場合，裁判所としてはどのような措置を講ずるべきか。

## ● 合格者の答案構成

1. 申立てを受けて続行期日を指定するべきか。

(1). 脅迫取消し。

民法の意思表示等の規定の適用の可否

~~[illegible]~~. └ 否定 → 判例の見解

(2) 当てはめ。

## 合格者の答案例

1 裁判所は、Xからの申立てを受けて、続行期日を指定するべきか。

訴えの取下げがなされており、訴えは遡及的に消滅している（262条1項）ため、続行期日を指定することはできないとも思える。もっとも、Xは、裁判外でZから脅迫を受けて、訴えの取下げを行ったとして、訴えの取下げの無効を民法96条1項に基づいて主張している。そこで、民法上の意思表示の規定を訴訟行為に類推適用することができるかという点が問題となる。

訴訟行為については、手続の安定性が求められるところ、民法上の意思表示の規定が類推適用されるとすると、手続の安定を害するので妥当ではない。そのため、民法上の意思表示の規定を訴訟行為に類推適用することはできないと考える。もっとも、詐欺、脅迫など明らかに刑事上罰するべき行為がなされた場合には、338条1項5号の法意に照らして、無効を主張できると解する。

本問においてみるに、訴えの取下げは、Zからの脅迫という刑事上罰すべき行為によってなされていることから、338条1項5号の法意に照らして、無効となる。

2. 以上の点から、脅迫の事実が認められるようならば、訴えの取下げの無効主張を受け入れて、裁判所は、続行期日を指定するべきである。

以上.

45
46
47
48
49
50
51
52
53
54
55
56
57
58
59
60
61
62
63
64
65
66

67
68
69
70
71
72
73
74
75
76
77
78
79
80
81
82
83
84
85
86
87
88

# 第10問

①裁判外で成立した原被告間のつぎの合意は，訴訟法上どのような効力を有するか。

1　②訴えを起こさない旨の合意

2　③訴えを取り下げる旨の合意

3　④口頭弁論において特定の事実を争わない旨の合意

（旧司法試験　昭和48年度第2問）



## 出題論点

・訴訟契約（訴訟上の合意）……B

・訴訟契約の法的性質……B

## 問題処理のポイント

本問は，訴訟上の合意についての理解を問う問題です。旧司法試験昭和48年度第2問で出題された問題をそのまま用いています。

このタイプの問題は，(a)合意の有効性，(b)合意の法的性質及びその効果の2つに分けて論じる必要があるのですが，多くの問題において中心になるのは(b)です。

「答案作成の過程」でも解説していますが，判例の立場であると言われている私法契約説からは，原則として実体法上の義務が生じるにすぎないということになりますので，何らかの訴訟上の効果を認める場合には，なぜそのような効果が認められるのか，という点がポイントになります。

## 答案作成の過程

### 1　訴訟上の合意の有効性（許容性）

本問では，①「裁判外で成立した原被告間のつぎの合意は，訴訟法上どのような効力を有するか。」と問われていますので，そもそも論になってしまいますが，訴訟上の合意の許容性について検討する必要があります。

まず，訴訟上の合意のうち，管轄の合意（11条），不控訴・飛越上告の合意（281条1項但書），仲裁契約（仲裁法13条）等については明文規定がありますので，特段許容性について問題となりません。

問題となるのは，明文規定を欠く，訴えや上訴の取下げの合意，不起訴の合意，証拠制限契約等です。

この点について，訴訟の進行は，明確的画一的処理の要請から，原則として，各当事者が自由に変更することは許されないとされてきました（任意訴訟禁止の原則）。

もっとも，当事者の自由に委ねられる領域に関しては，有効性を認めてもよいのではないかと解されるようになりました。そこで，処分権主義や当事者主義が妥当する範囲に関しては，他に，公序良俗に反するなどの無効事由がない限り，一般的に有効性が肯定されると解されています。ただし，その合意によって当事者がどのような不利益等を被るのかという予測可能性が担保されなければならないなどと指摘されています。

## 2 訴訟上の合意の法的性質

訴訟上の合意の有効性が認められるとして，次に問題となるのは，そのような契約の法的性質です。

この点については，大きく分けて，訴訟契約（訴訟行為）であると解する立場（訴訟契約説）と私法契約（私法行為）であると解する立場（私法契約説）があります。

判例は，一般に私法契約説に立つと解されています。訴えの取下げ合意の効果について問題となった最判昭44.10.17【百選92】（以下「昭和44年判決」といいます。）は，「訴の取下に関する合意が成立した場合においては，右訴の原告は権利保護の利益を喪失したものとみうるから，右訴を却下すべきものであ」ると判示しました。仮に，訴訟契約であると解すると，訴えの取下げの効果が生じることになるはずであるところ（ただし，学説上，どの時点で訴えの取下げの効果が生じるかという点については争いがあります。），この判例は，「却下すべき」であるとしているからです。

なお，私法契約説に立った場合には，訴訟上の合意は，実体法上の作為・不作為義務を生じさせるにとどまるのですが，一切訴訟法上の効果が生じないわけではないという点に注意してください。昭和44年判決も，「原告は権利保護の利益を喪失したものとみうる」として，訴えを却下するものとしています。

## 3 各小問の検討

### 1 小問1について

#### (1) 有効性

小問1では，②訴えを起こさない旨の合意，いわゆる不起訴の合意について問われています。

まず，不起訴の合意の有効性については，直接的にこれを肯定した判例はありません（なお，最判昭51.3.18は，当事者間の合意は不起訴の合意であるとは認められないとした事案ですが，そもそも合意の有効性を否定するのであれば，このような判示は不要となるため，不起訴の合意の有効性を前提とする趣旨であるようにも解されます。)。通説は，訴え提起は，原告の自由に委ねられている処分権主義に関わるものであり，これにより被る不利益は，現在又は将来起こり得る紛争の解決について，裁判手続を利用することができなくなるというものであるため，予測可能性も担保されており，一般論としては，不起訴の合意は有効であると解しています。

もっとも，東京地判平6.12.22は，「不起訴の合意は，訴訟契約として有効に行うことができるものであるが，どのような場合でも提訴を不適法とする効力を有するものと解すべきではなく，合意がされた趣旨，合意するに至った事情等を考慮して，合理的な範囲内において効力を有するものと解すべきである。」とした上で，男女関係の解消に基づく慰謝料請求の訴えを提起した原告の女性がかつて絶望のあまり自殺を決意して家出をしていたときに作成された慰謝料請求権についての不起訴の合意書に，訴えを不適法とする効力を認めることはできないとしました。

本問では，具体的な事情は分からないため，ひとまず有効であるとして検討してしまってよいでしょう。

(2) 効果

不起訴の合意の効果としては，私法契約説に立ったとしても，訴訟契約説に立ったとしても，結論に違いは生じないと考えられています。

まず，私法契約説に立った場合には，裁判所がその存在を認めれば，訴えを提起する実体的な利益がなくなるため，訴えの利益を欠いて不適法却下されることになります（広島高判昭41.10.4）。

一方で，訴訟契約説に立った場合には，不起訴の合意という訴訟上の契約自体の効果として，訴えは，不適法として却下されることになります。

私法契約説と訴訟契約説では，訴えの利益の問題となるか否かという点に違いがあるのみであって，結局訴えは不適法却下されることになります。

**2** 小問２について

(1) 有効性

小問２では，③訴えの取下げ合意について問われています。

訴えの取下げ合意についても，一般的に有効性が肯定されています。訴えの取下げは，原告の意思に任されていることから，処分権主義の範囲内であるといえ，かつ，これにより被る不利益は，訴訟係属の遡及的消滅（262条１項)，再訴禁止効（同条２項）などであることが明確に予測することができるからです。

昭和44年判決も，訴えの取下げ合意の有効性を前提として上記判断をしているものと解されます。

(2) 効果

これは，上記のとおりです。

訴訟契約説によれば訴えの取下げの効果が生じ，私法契約説によれば取下げの効果が生じるわけではなく，原告は実体法上，訴えを取り下げる義務を負うことになるのですが，裁判所がその存在を認めた場合には，訴えの利益を欠き，訴えが却下されることになります。

## 3 小問3について

### (1) 有効性

小問3では，④口頭弁論において特定の事実を争わない旨の合意，すなわち自白契約について問われています。

自白契約についても，一般的に有効性が肯定されています。

少なくとも主要事実については，弁論主義の適用範囲内であることは一般に承認されており（一方で，間接事実や補助事実については，弁論主義の適用がないとするのが通説ですので，それとの関係で，自白契約の有効性に争いがあります。），また，その効果も不要証効（179条）や拘束力が発生するというもので，明確です。

### (2) 効果

自白契約が有効に存在することが立証された場合，訴訟契約説からは，直接当該事実について自白の効果が生じます。

一方で，私法契約説からは，直ちに自白の効果が生じるわけではありません。もっとも，裁判所がその存在を認めた場合には，対象事実に対する証拠申出はその必要性を欠くものとして却下されることになります。

## ■答案構成

第１　訴訟上の合意の許容性（有効性）

明文なき訴訟上の合意の有効性

処分権主義・弁論主義の妥当する事項についての合意であり，合意の効果として訴訟上いかなる不利益を受けるかが明確に予測された場合には，有効性を肯定することができる

第２　訴訟上の合意の法的性質

訴訟上の合意の法的性質

私法契約説

第３　各小問の検討

１　小問１について

⑴　有効性は肯定

⑵　裁判所が合意の存在を認めた場合は，訴えの利益を欠き，訴えが却下されることになる

２　小問２について

⑴　有効性は肯定

⑵　裁判所が合意の存在を認めた場合は，訴えの利益を欠き，訴えが却下されることになる

３　小問３について

⑴　有効性は肯定（ただし，主要事実に限る）

⑵　裁判所が合意の存在を認めた場合は，対象事実に対する証拠申出は，その必要性を欠くものとして却下されることになる

## 解答例

第1　訴訟上の合意の許容性（有効性）

以下の各小問で検討する訴訟上の合意については明文規定を欠く。そこで，そのような訴訟上の合意は有効か，問題となる。

審理の方法・訴訟行為の方式・要件など訴訟に関する事項は，多数の事件を公平に処理するため合目的的に定められているから，両当事者の合意で任意に変更することはできない（任意訴訟禁止の原則）。

しかし，処分権主義・弁論主義が妥当し，もともと当事者の意思に任されるべき事項がある。このような事項は，できる限り当事者の意思を尊重すべきであるし，しても問題はない。

したがって，これらについての合意はできる限り有効とすべきである。

とはいえ，十分結果の予見できない状況の下でなされる合意については，敗訴と異ならない効果を生じるおそれがある。すなわち，意思の自由を広く保障することが，権利保護の要請と矛盾するおそれは否めない。

以上から，処分権主義・弁論主義の妥当する事項についての合意であり，合意の効果として訴訟上いかなる不利益を受けるかが明確に予測された場合に限り，有効性を認めるべきである。

←訴訟上の合意の許容性（有効性）

←論証

第2　訴訟上の合意の法的性質

では，裁判所が，訴訟上の合意の存在を認めた場合，いかなる効果が発生すると解すべきか。

当該合意が訴訟上の効果を目指すものであるとしても，訴訟外でなされる契約である以上，私法の規律を受けるべきである。

したがって，訴訟契約は，私法上の契約であり，それにより実体法上の作為・不作為義務を生じさせるにすぎない。

一方当事者が契約に反した訴訟行為をなした場合にも，直接訴訟法上の効果は生ぜず，他方当事者は抗弁として合意の存在を主張し，裁判所はこれを認めるとき，訴訟上の一定の措置（訴え却下など）をとるべきこととなる。

第3　各小問の検討

1　小問1について

(1)　有効性

本小問で問われている不起訴の合意については，訴え提起は，原告の自由に委ねられている処分権主義に関わるものであり，かつ，これにより被る不利益は，現在又は将来起こり得る紛争の解決について，裁判手続を利用することができなくなるというものであるため，予測可能性も担保されており，有効性を肯定することができる。

(2)　効果

←訴訟上の合意の法的性質

←論証

←各小問の検討

←小問1について

←有効性

←効果

上記合意の効果として，原告は，実体法上訴えを提起してはならないという義務を負うところ，裁判所が，合意の存在を認めた場合には，原告が訴えを提起する実体的な利益がなくなるとみることができる。

したがって，訴えの利益を欠いて不適法却下されることになる。

2　小問２について

←小問２について

(1)　有効性

←有効性

本小問で問われている訴えの取下げの合意については，訴えの取下げは，原告の意思に任されていることから，処分権主義の範囲内であるといえ，かつ，これにより被る不利益は，訴訟係属の遡及的消滅（262条１項），再訴禁止効（同条２項）などであることが明確に予測できるため，有効性を肯定することができる。

(2)　効果

←効果

上記合意の効果として，原告は実体法上，訴えを取り下げる義務を負うことになるところ，裁判所がその存在を認めた場合には，訴えを続行する実体的な利益が失われているとみることができる。

したがって，訴えの利益を欠き，訴えが却下されることになる。

3　小問３について

←小問３について

(1)　有効性

←有効性

本小問で問われている自白契約については，少なくとも主要事実については弁論主義の適用範囲内であり，また，その効果も不要証効（179条）や拘束力が発生するというものであって，明確である。

したがって，合意の対象が主要事実に関するものである場合には，有効性を肯定することができる。

一方で，証拠と同様のレベルにある間接事実（補助事実）については弁論主義の適用がないと解されるので，自白契約の対象とすることができない。そのため，有効性を肯定することができない。

←一応，場合分けをしました

(2)　効果

←効果

上記合意の効果としては，当事者は，実体法上当該事実について争わないとの義務を負う。そのため，直ちに自白の効果が生じるわけではないものの，裁判所がその存在を認めた場合には，対象事実に対する証拠申出は，その必要性を欠くものとして却下されることになる。

以　上

## ● 合格者の問題メモ

裁判外で成立した原被告間のつぎの合意は，訴訟法上どのような効力を有するか。

1　訴えを起こさない旨の合意

2　訴えを取り下げる旨の合意

3　口頭弁論において特定の事実を争わない旨の合意

## ● 合格者の答案構成

1．小問1.

(1)．訴訟契約の適法性.

原則として×.

しかし、弁論主義が妥当すれば ok.

(2)．効果 → ok

2、小問2

(1) 適法性 ok

(2) 効果.

3、小問3、

(1) 自白契約

⇒ 主要事実 ok

以外 ×（自由心証主義）

## 合格者の答案例

1. 小問1

(1) 訴えを起こさない旨の合意は、そもそも有効なのか。

訴訟手続の安定性の見地から、当事者の自由な訴訟契約は許されない。もっとも、当事者意思が尊重される弁論主義・処分権主義が妥当する範囲内であれば、訴訟契約は有効となると解する。

本問においてみるに、訴えの提起は処分権主義が妥当する範囲であるから、上記合意は有効である。

(2). 訴訟法上の効果はどのようなものか。

裁判外の契約である以上、契約によって直ちに訴訟法上の効果が発生するとは考えられない。ただ、相手方が訴訟契約とは反する行為をした場合に、合意の存在を抗弁として提出することで間接的に訴訟法上の効果が発生すると解する。

本問においても、訴えが提起された段階で、訴えを起こさない合意の存在を抗弁として提出することで、間接的に訴訟法上の効果が生じる。具体的には、訴えの利益を欠くとして却下される。

2. 小問2

(1). 訴えの取り下げる旨の合意の有効性

訴えを係属させ続けるか否かは処分権主義が妥当する範囲であるから、訴訟契約として有効となる。

(2) 効果については、訴えを続行している場合に、かかる合意の存在を抗弁として提出することで、訴訟法上の効果が発生する。

3. 小問3

(1). 訴訟契約として有効なのか

弁論主義が妥当するのは、主要事実に限定されると解する。なぜなら、証拠と同様の機能を有する間接事実や補助事実までも弁論主義が適用されるとすると、自由心証主義(247条)を害するからである。

そこで、争わないとする特定の事実が主要事実に該当する場合には、弁論主義が妥当する範囲内といえ、訴訟契約として有効となる。一方で、争わないとする特定の事実が間接事実や補助事実である場合には、弁論主義が妥当する範囲内とはいえず、訴訟契約として無効となる。

(2) 効果について、合意の存在を提出することで、間接的に効果が生じる。そして、弁論主義の下では、当事者に争いのない事実については、判決の基礎としなければならないという裁判所に対する拘束力が生じる。そのため、かかる合意の立証によって、自白が成立し、裁判所に対する拘束力が生じる。また、自白の成立によって、一方当事者は有利な地位を得るため、相手方は、[illegible]自白の撤回をすることが原則としてできなくなる。もっとも、相手ちの同意がある場合、刑事上罰すべき行為によってなされた場合及び、自白が真実に反し、かつ錯誤に基づく場合には、自白の拘束力を認める必要性はないことから、撤回ができる。

以上のことから、自白契約の成立によって、裁判所及び当事者に対する拘束力が生じる。

以上

# 第11問

経営が破綻したA信用組合（以下「A」という。なお，①Aは，既に清算中であって，将来的に貸付業務等をする可能性はない。）から営業の全部を譲り受けたX（株式会社整理回収機構（②法律の規定に基づいてAの貸し付けた債権等の回収に当たっている者））は，Yらに対して貸金債権の支払等を求める本案訴訟を提起したところ，Yらは，AがYらに対して，いわゆる利貸し（支払利息相当分の金額を新たに融資し，これを支払利息に充当すること）等の不当な融資を行ったとして，Aに対する不法行為に基づく損害賠償請求権との相殺を主張した。

Yらは，この上記損害賠償請求権の存在を証明するために，Xの所持する③貸出稟議書（以下「本件文書」という。）につき文書提出命令を申し立てた。④本件文書は，A信用組合で作成され，A信用組合の経営破綻による営業譲渡に伴い，A信用組合の貸付債権に係る文書であるとして，Xが所持するに至ったものである。

Xは，本件文書は，⑤民事訴訟法第220条第4号ニが定める「専ら文書の所持者の利用に供するための文書」に当たるとして，提出を拒んでいる。

⑥Xの主張の当否について論ぜよ。

## 出題論点

・文書提出義務 ………………………………………… A

## 問題処理のポイント

本問は，文書提出義務に関する理解を問う問題です。最決平13.12.7を素材としています（以下「素材判例」といいます。）。

文書提出義務に関して最も重要なのは，本問で問われている220条４号ニが定める「専ら文書の所持者の利用に供するための文書」です。これについては，「答案作成の過程」でも解説していますが，３つの要件の解釈及びあてはめがポイントになります。本問を通じてぜひマスターしてください。

なお，220条４号ニ以外では，220条４号ハが定める「第197条第１項……第３号に規定する事項で，黙秘の義務が免除されていないものが記載されている文書」が重要です。197条１項３号が定める「職業の秘密」の解釈を確認しておいてください。

## 1 問題の所在

Xは，本件文書は，⑤220条4号ニが定める「専ら文書の所持者の利用に供するための文書」に当たるとして，提出を拒んでいます。「専ら文書の所持者の利用に供するための文書」は，自己利用文書と呼ばれています。

本問では，⑥Xの主張の当否が問われていますので，この自己利用文書に該当するか否かについて論じる必要があります。

## 2 自己利用文書該当性

### 1 要件

自己利用文書該当性についてのリーディングケースとされているのが，最決平11.11.12【百選69】（以下「平成11年決定」といいます。）です。平成11年決定は，銀行の貸出稟議書の自己利用文書該当性が問題となった事案において，「ある文書が，その作成目的，記載内容，これを現在の所持者が所持するに至るまでの経緯，その他の事情から判断して，専ら内部の者の利用に供する目的で作成され，外部の者に開示することが予定されていない文書であって，開示されると個人のプライバシーが侵害されたり個人ないし団体の自由な意思形成が阻害されたりするなど，開示によって所持者の側に看過し難い不利益が生ずるおそれがあると認められる場合には，特段の事情がない限り，当該文書は民訴法220条4号ハ（筆者注：同号ニ，以下同じ）所定の『専ら文書の所持者の利用に供するための文書』に当たると解するのが相当である。」と述べ，(a)外部非開示性，(b)不利益性，(c)特段の事情の不存在の3つが要件となることを明らかにしました。

素材判例をはじめとして，その後の判例も，自己利用文書該当性について，この平成11年決定の基準を踏襲しており，確立された判例法理であると考えられています。

そこで，本問でも，この3つの要件に照らして，自己利用文書該当性を判断していきましょう。

### 2 それぞれの要件の解釈

#### (1) (a)外部非開示性

平成11年決定は，この要件について，「その作成目的，記載内容，これを現在の所持者が所持するに至るまでの経緯，その他の事情から判断」するとしていますが，判例上は，このうち「作成目的」が重視されていると解されています。この「作成目的」において重要となるのが，法令によってその作成が義務付けられているか（あるいは，それに準じるものであるか）という点です。

この点について，平成11年決定は，銀行の貸出稟議書について，(a)外部非開示性を肯定していますが，「銀行の貸出稟議書は，銀行内部において，融資案件についての意思形成を円滑，適切に行うために作成される文書であって，法令によってその作成が義務付けられたものでもな」いとして，法令上作成が義務付けられているか否かに言及しています。

その後の判例でも，破綻保険会社の調査委員会が作成した調査報告書について，当該文書が法令上の根拠を有する命令に基づいて作成されたものであることを主たる理由として，外部非開示性を否定したものがあります（最決平16.11.26）。また，銀行に対する監督官庁の資産査定の前提となる資料について，法令により義務付けられている資産査定の前提資料であることを主たる理由として，外部非開示性を否定したものもあります（最決平19.11.30）。

他方で，法令上の作成義務がない場合については，それだけで外部非開示性が満たされるわけではなく，判断の一資料となると解されているようです。平成11年決定も，上記の引用部分の前に，「銀行の貸出稟議書とは，支店長等の決裁限度を超える規模，内容の融資案件について，本部の決裁を求めるために作成されるものであって，通常は，融資の相手方，融資金額，資金使途，担保・保証，返済方法といった融資の内容に加え，銀行にとっての収益の見込み，融資の相手方の信用状況，融資の相手方に対する評価，融資についての担当者の意見などが記載され，それを受けて審査を行った本部の担当者，次長，部長など所定の決裁権者が当該貸出しを認めるか否かについて表明した意見が記載される文書であること，本件文書は，貸出稟議書及びこれと一体を成す本部認可書であって，いずれも……融資を決定する意思を形成する過程で，右のような点を確認，検討，審査するために作成されたものであることが明らかである。」と述べており，法令上作成が義務付けられているか否かだけで結論を導き出しているわけではありません。

**(2)** (b)不利益性

この要件については，平成11年決定が，「開示されると個人のプライバシーが侵害されたり個人ないし団体の自由な意思形成が阻害されたりするなど」として，プライバシー侵害と自由な意思形成の阻害を例示しています。平成11年決定は，銀行の貸出稟議書について，「開示されると銀行内部における自由な意見の表明に支障を来し銀行の自由な意思形成が阻害されるおそれがある」として，(b)不利益性を肯定しています。

平成11年決定の説示内容からすれば，この２つ以外にも，不利益性が肯定される場合は考えられますが，その後の判例もこの２つを主たる内容とする傾向にあります。

**(3)** (c)特段の事情の不存在

この要件については，平成11年決定において，「本件において特段の事情の存在はうかがわれない」としか述べられておらず，どのような事情があれば，「特段の事情」ありと判断されるのか，議論があります。

判例上は，信用金庫に対して提起された会員代表訴訟において，特段の事情とは，「文書提出命令の申立人がその対象である貸出稟議書の利用関係において所持者である信用金庫と同一視することができる立場に立つ場合をいうものと解される」との解釈を示し，かつ信用金庫の会員はこれに当たらないとしたものがあります（最決平12.12.14）。

また，次の「**3**　本問へのあてはめ」の先取りになってしまいますが，素材判例は，破綻した信用金庫（本問におけるA）は営業の全部を株式会社整理回収機構（本問におけるX）に譲り渡し清算中であって，将来においても貸付業務等を自ら行うことはなく，株式会社整理回収機構は，法律の規定に基づいて上記信用金庫の貸し付けた債権等の回収に当たっているものであって，本件文書の提出を命じられることにより，株式会社整理回収機構において，自由な意見の表明に支障を来し，その自由な意思形成が阻害されるおそれがあるものとは考えられないから，特段の事情があることを肯定すべきであるとしました。

ただ，判例上，この要件について詳述したものは少なく，学説上は，極めて限定的な場合しか特段の事情の存在は肯定されないものと評されています。

## 3　本問へのあてはめ

### (1)　(a)外部非開示性・(b)不利益性

平成11年決定によれば，信用金庫の③貸出稟議書については，(a)外部非開示性・(b)不利益性について肯定されることになるでしょう。

素材判例も，平成11年決定を引用し，「本件文書は，……融資を決定する過程で作成した稟議書とその付属書類であるところ，信用組合の貸出稟議書は，専ら信用組合内部の利用に供する目的で作成され，外部に開示することが予定されていない文書であって，開示されると信用組合内部における自由な意見の表明に支障を来し信用組合の自由な意思形成が阻害されたりするなど看過し難い不利益を生ずるおそれがあるものとして，特段の事情がない限り，民事訴訟法220条４号ハ所定の『専ら文書の所持者の利用に供するための文書』に当たると解すべきである」と述べています。

### (2)　(c)特段の事情の不存在

素材判例で争点となったのは，(c)特段の事情の不存在についてです。この点について，素材判例は，上記のように，Aが経営破綻をしており，将来においても営業活動を行う可能性がないこと，Xが，法律の規定に基づいてAの貸し付けた債権等の回収に当たっているものであることを重視して，(c)特段の事情が存在するとしました。

本問でも，①～④など，素材判例と同様の事情が認められますので，特段の事情が存在するとしてよいでしょう。

なお，素材判例は，将来当該金融機関が破綻した場合に貸出稟議書が開示されるかもしれないという危惧がある点については，「現に営業活動をしている金融機関において，作成時には専ら内部の利用に供する目的で作成された貸出稟議書が，いったん経営が破たんして抗告人（筆者注：株式会社整理回収機構，本問におけるX）による回収が行われることになったときには，開示される可能性があることを危ぐして，その文書による自由な意見の表明を控えたり，自由な意思形成が阻害されたりするおそれがないか，という点が問題となり得る。しかし，このような危ぐに基づく影響は，上記の結論を左右するに足りる程のものとは考えられない。」と述べています。

## 3 結論

以上から，⑤本件文書は，220条４号ニが定める「専ら文書の所持者の利用に供するための文書」には当たらず，４号の一般義務文書として提出しなければならないものです。

⑥Xの主張は失当であるということになります。

## ■答案構成

1　Xの主張内容

↓

2「専ら文書の所持者の利用に供するための文書」（自己利用文書，220④ニ）該当性

↓

文書提出義務

↓

①専ら内部の者の利用に供する目的で作成され，外部の者に開示することが予定されていないこと（外部非開示性）

②開示によって所持者の側に看過し難い不利益が生ずるおそれがあると認められること（不利益性）

③特段の事情のないこと

↓

3　あてはめ

(1)　①②→充足

(2)　③→貸出稟議書を開示することが金融機関の意思形成の自由を侵害することにならない場合には，特段の事情がある

↓

Aにおいて→意思形成の自由侵害せず

Xにおいて→意思形成の自由侵害せず

将来他の金融機関において→結論を左右するに足りない

↓

4　Xは本件文書の提出義務を負う

## 解答例

1　Xは，本件文書が220条4号ニが定める「専ら文書の所持者の利用に供するための文書」に当たるとして，提出を拒んでいる。

そこで,「専ら文書の所持者の利用に供するための文書」(自己利用文書)，その意義を検討する必要がある。

←Xの主張内容

2　文書提出義務を一般化し，当事者の実質的対等を図った法の趣旨からすれば，自己利用文書該当性は限定して解釈すべきである。

したがって，①専ら内部の者の利用に供する目的で作成され，外部の者に開示することが予定されていないこと（外部非開示性)，②開示によって所持者の側に看過し難い不利益が生ずるおそれがあると認められること（不利益性)，③特段の事情のないことの3つの要件を満たした場合にのみ，自己利用文書該当性が肯定されると解する。

←論証

3　以下，上記①～③について検討する。

←あてはめ

(1)　本件文書は，AがYらへの融資を決定する過程で作成した稟議書であるところ，貸出稟議書は，信用金庫の貸出決定に当たり，担当者から上司や本部に対して決済を求める際に作成されるものであり，それには，取引先との交渉の結果である個別貸出しについての金額，資金使途，引当，返済方法，取引先の業況，財務内容，業界の動向，信用金庫の収益などいろいろな面を検討した結果が記載される。

←要件①②

したがって，専ら信用組合内部の利用に供する目的で作成され，外部に開示することが予定されていない文書であって，開示されると信用組合内部における自由な意見の表明に支障を来し，信用組合の自由な意思形成が阻害されたりするなど看過し難い不利益を生ずるおそれがある（①，②充足)。

(2)　では，特段の事情はないか。

←要件③

ア　自己利用文書について特段の事情のない限り提出義務がないとされる趣旨は，金融機関内部の意思形成過程を保護することにある。かかる趣旨は，当該金融機関の営業活動が将来にわたって継続する場合にのみ妥当するといえる。

したがって，本問において，貸出稟議書を開示することが金融機関の意思形成の自由を侵害することにならない場合には，特段の事情があると考えてよい。

←本問事案に即して，特段の事情の内容を具体化しました

イ　文書を作成した信用金庫が，経営破綻の結果，営業活動を全くしておらず，将来も営業活動をする可能性がないという場合には，貸出稟議書に関してその信用金庫の意思形成過程を保護すべき必要性は消滅しているといえる。上記のように，貸出稟議書は，信用金庫が営業活動として特定の相手方に貸出しを行うべきか否かについて，その信用金庫としての意思決定をする過程で作成される

←Aにおいて意思形成の自由を侵害することにならないか

ものだからである。

本件において，Aは既に清算中であって，将来的に貸付業務等をする可能性はないので，上記場合に該当する。

ウ　もっとも，営業を譲り受けた側が今後貸付業務等を営むという場合，貸出稟議書の開示は，その営業活動の障害となり得る。

←Xにおいて意思形成の自由を侵害することにならないか

しかしながら，Xは，法律の規定に基づいてAの貸し付けた債権等の回収に当たっている者であって，本件文書の提出を命じられることにより，Xにおいて，自由な意見の表明に支障を来し，その自由な意思形成が阻害されるおそれがあるものとは考えられない。

以上のとおり，AにおいてもXにおいても，その意思形成が阻害されることはないのであるから，本件では特段の事情が認められるというべきである（③不充足）。

エ　なお，上記のような結論をとることによって，現に営業活動をしている金融機関において，作成時には専ら内部の利用に供する目的で作成された貸出稟議書が，いったん経営が破綻してXによる回収が行われることになったときには，開示される可能性があることを危ぐして，その文書による自由な意見の表明を控えたり，自由な意思形成が阻害されたりするおそれがないか，という点が問題となり得る。しかし，このような危ぐに基づく影響は，上記の結論を左右するに足りるほどのものとは考えられない。

←将来他の金融機関において意思形成の自由を侵害することにならないか

4　以上より，本件文書は，220条４号ニが定める「専ら文書の所持者の利用に供するための文書」には当たらないから，Xの主張は失当である。

以　上

## ● 合格者の問題メモ

経営が破綻したA信用組合（以下「A」という。なお，Aは，既に清算中であって，将来的に貸付業務等をする可能性はない。）から営業の全部を譲り受けたX（株式会社整理回収機構（法律の規定に基づいてAの貸し付けた債権等の回収に当たっている者））は，Yらに対して貸金債権の支払等を求める本案訴訟を提起したところ，Yらは，AがYらに対して，いわゆる利貸し（支払利息相当分の金額を新たに融資し，これを支払利息に充当すること）等の不当な融資を行ったとして，Aに対する不法行為に基づく損害賠償請求権との相殺を主張した。

Yらは，この上記損害賠償請求権の存在を証明するために，Xの所持する貸出稟議書（以下「本件文書」という。）につき文書提出命令を申し立てた。本件文書は，A信用組合で作成され，A信用組合の経営破綻による営業譲渡に伴い，A信用組合の貸付債権に係る文書であるとして，Xが所持するに至ったものである。

Xは，本件文書は，民事訴訟法第２２０条第４号ニが定める「専ら文書の所持者の利用に供するための文書」に当たるとして，提出を拒んでいる。

Xの主張の当否について論ぜよ。

## ● 合格者の答案構成

「専ら～文書」に当たる~~として、提出を拒んでいる~~る場合には、拒める。そこで「～」に当たるかが問題

→趣旨から～

要件
①外部非開示性. ok
②不利益性 →あつく
③特段の事情 ok

## 合格者の答案例

1. 本件文書が「専ら文書の所持者の利用に供するための文書」(220条4号ニ)に該当する場合、本件文書の提出を拒め、Xの主張は妥当といえる。そこで、220条4号ニの該当性が問題となる。

(1) 同号が、文書提出の義務を免除した趣旨は、外部に開示されることが予定されていない文書が開示され、所持者に不利益が及ぶことを防ぐ点にある。

そこで、「専ら文書の所持者の利用に供するための文書」とは、①外部に開示することが予定されていないものであって、②開示によって、所持者に看過し難い不利益が生じ、かつ③特段の事情がない文書のことをいうと解する。

(2) 貸出稟議書は、所持者が貸出しを行う上で、意思決定をするためのものであるから、本件文書は、外部に開示することが予定されていない(①)。

次に不利益性について検討するに、確かに貸出稟議書は会社が意思決定のために、忌たんのない意見が書かれる。そのため、開示されるとすると、所持者の自由な意思決定が阻害されることになり、不利益性があるようにも思われる。しかし、Aは既に清算中であって、将来的に貸付業務等をする可能性はないところ、かかるAから営業の全部を譲り受けたXにも同様のことがいえる。そのため、貸出について、自由な意思決定を保護する必要はなく、開示されたとしても、不利益がXに生じるとはいえない(②不足)。そのため、本件文書は「専ら文書の所持者の利用に供するための文書」には、該当しない。

2. よって、Xの主張は不当である。

以上.

45
46
47
48
49
50
51
52
53
54
55
56
57
58
59
60
61
62
63
64
65
66

67
68
69
70
71
72
73
74
75
76
77
78
79
80
81
82
83
84
85
86
87
88

# 第12問

Xは，Yに対して貸し付けた200万円について，100万円については返済があったが，残りの100万円については支払期限が過ぎたのに返済がなされていないとして，Yを被告として，金100万円の支払を求める貸金返還請求訴訟を提起した（以下「本件訴訟」という。）。

本件訴訟において①Xは，XとYは，上記の消費貸借契約を締結した際に借用書を作成したとして，証拠として借用書（以下「本件借用書」という。）及びYの印鑑登録証明書を提出した。

Yは，Xから金を借りた事実はあるが，借りたのは100万円であって，しかも，その100万円は既に弁済済みであると反論した。

そして，Yは，本件借用書については，②㋐Yが署名，押印した事実はない，③㋑仮に，Yが署名，押印したものだとしても，本件借用書に記載された借用金額「¥二百万円也」の部分は，Yが署名，押印した後，元々の「¥一百万円也」の上に，Xがもう１本「一」を書き足したものであると陳述した。

証拠調べの結果，④㋐の事実については，本件借用書の署名がYの自筆であるか否かは明らかでないが，本件借用書に押印されているYの印影と印鑑登録証明書の印影が同一であることが認められ，⑤㋑の事実については，これが認められるとは断定できないが，その可能性があると判断された場合，⑥本件借用書の形式的証拠力についてはどのように考えられるか。

【別紙】

借　用　書

平成25年10月20日

¥二百万円也

借用いたします。
千葉市中央区松波３－３－11　　Y ㊞

上記のとおり貸しました。
千代田区内幸町２－２　　X ㊞

## 出題論点

・二段の推定……………………………………………A

## ■問題処理のポイント

本問は，二段の推定に関する理解を問う問題です。

二段の推定の理屈自体は，多くの受験生が理解しているものと思いますが，答練や模擬試験で出題すると，その前提となる用語法（形式的証拠力，文書の成立の真正など）や条文の規定について正確に論じられているものは多くはありません。

司法試験のヒアリングや採点実感でも，この点が指摘されており，「『形式的証拠力』という用語が使われた答案自体が少数で，第228条第４項の『推定』の理解も不十分であった。……この文書には押印がないわけで，いわゆる二段の推定の適用は，その前提を欠くにもかかわらず，それが適用されるとしたものが相当多数あった。」（平成19年度ヒアリング），「文書の成立の真正についての『二段の推定』については，論述そのものをみる限り，比較的よく理解できているということができ，それ自体として正確な内容が書かれていれば相応に評価しているが，中には『二段の推定』の論述が唐突に現れるなど，書証による証明の過程に関する……理解が身に付いているか疑わしいと思われる答案も少なくなかった」（平成24年度採点実感）などという指摘があります。

本問を通じて，二段の推定が，文書の成立の真正の立証においてどのように位置付けられており，また，それを争う他方当事者はどのような立証活動をすべきなのか，学習してください。

## ■答案作成の過程

### 1 問題の所在

本問では，⑥「本件借用書の形式的証拠力についてはどのように考えられるか。」と問われていますので，形式的証拠力の意義やその判断基準を示し，それにあてはめることが求められていることが分かります。

そこで，まずは，形式的証拠力の意義・判断基準について検討していきましょう。

### 2 書証における形式的証拠力

**1**　形式的証拠力とは

①本件借用書のような書証は，文書の記載内容を証拠資料とするため，作成者の思想を正しく表現している必要があります。そして，文書の記載内容が作成者の思想を正しく表現したものであることを指して，「形式的証拠力がある」と言います。

そこで，形式的証拠力があるか否かは，文書の記載内容が作成者の思想を正しく表現したものであるか否かによって判断されます。

**2**　形式的証拠力と文書の成立の真正

### (1) 形式的証拠力と文書の成立の真正の関係

文書の記載内容が作成者の思想を表現したものであるためには，その前提として，文書が真正に成立したものである必要があります。この成立の真正とは，文書の記載内容が，挙証者が作成者であると主張する者の意思に基づいて作成されたことをいいます。

なお，文書が真正に成立していることは，形式的証拠力があることと同義ではない点は，確認しておいてください。換言すれば，文書が真正に成立していても，形式的証拠力がない（文書の記載内容が作成者の思想を表現したものではない。）場合があります。よく言われる例では，習字の目的で作成された文書があります。例えば，そこに「私が持っている宝石を売ります。」と書かれていた場合，これはその習字を書いた者の意思に基づいて作成された文書ではあります（文書の成立の真正は認められる。）が，もちろん，実際に宝石を売るつもりはないので，文書の記載内容が作成者の思想を正しく表現したものであるとはいえません（形式的証拠力はない。）。ただし，このような例はレアケースですので，基本的には，文書の成立の真正が認められれば，形式的証拠力も認められるものと考えてよいでしょう。

### (2) 文書の成立の真正の立証

**ア**　文書の成立の真正については，228条1項が「文書は，その成立が真正であることを証明しなければならない。」と定めています。ただし，相手方が文書の成立の真正を争わないのであれば，これを証明する必要はないと解されています（なお，この点について，拘束力が発生するのかという問題が別途あります。この点については，**第8問**を参照してください。）。

そして，私文書については，同条4項が「私文書は，本人又はその代理人の署名又は押印があるときは，真正に成立したものと推定する。」とする推定規定を置いています。そこで，通常は，私文書については，「本人又はその代理人の署名又は押印がある」ことを立証することになります。

**イ**　この228条4項の「推定」の意味については，法律上の（事実）推定であるとする立場と，事実上の推定であるとする立場（法定証拠法則説）が対立しています。通説は，後者であると解されていますので，この解説及び解答例でも，後者を前提とします。

**ウ**　ところで，228条4項からは条文上明らかではないものの，「署名又は押印」については，単に本人（又は代理人（以下「本人等」といいます。））の名前が押された印影があることを意味するのではなく，本人等が自らの意思に基づいてしたことが必要であると解されています。

「署名」の場合には，筆跡が本人等のそれと一致すれば，原則として自らの意思に基づいて「署名」したものと推定することができます。

一方で，「押印」は，本人等以外の者であっても，その印章さえ用いれば同一の印影を書面上に顕出させることができるので，直ちに，その意思に基づく「押印」であると推定してよいのか問題があります。仮に，それだけでは足りないとすれば,「押印」が本人等の意思に基づいてなされていること（その印影が作成者とされる者の意思に基づいてなされたものであること）を立証しなければならないのですが，これは必ずしも容易ではありません。

### 3　二段の推定

そこで，判例は，「民訴326条（筆者注：現228条４項。以下同じ）に『本人又ハ其ノ代理人ノ署名又ハ捺印（筆者注：現228条４項は「押印」。以下同じ）アルトキ』というのは，該署名または捺印が，本人またはその代理人の意思に基づいて，真正に成立したときの謂であるが，文書中の印影が本人または代理人の印章によって顕出された事実が確定された場合には，反証がない限り，該印影は本人または代理人の意思に基づいて成立したものと推定するのが相当であ」る（最判昭39.5.12【百選70】）としています。なお，この「推定」に関しては，判文上明らかではないものの，事実上の推定であると解されています。

そして，この推定と228条４項が定める推定を組み合わせ,「右推定がなされる結果，当該文書は，民訴326条にいう『本人又ハ其ノ代理人ノ（中略）捺印アルトキ』の要件を充たし，その全体が真正に成立したものと推定されることとなるのである。」（最判昭39.5.12【百選70】）とします。

これを，二段の推定といいます。

二段の推定を用いれば，私文書の成立の真正に関する立証活動は次のようになります。

(a)　私文書の印影が本人等の印章によって顕出されたものであるときは，反証がない限り，当該印影は本人等の意思に基づいて顕出されたものと事実上推定する（一段目の推定）。
(b)　文書に押捺された印影と本人等の印章による印影が一致すれば，意思に基づく押印が事実上推定される結果，228条４項により文書全体の成立の真正が事実上推定される（二段目の推定）。

### 4　二段の推定における反証活動

#### (1)　一段目の推定に対する反証活動

一段目の推定を覆す反証活動の内容は，なぜそのような推定が認められるのか，という点から考えてみるとよいでしょう。

この推定の根拠は，一般に，ハンコ（印章）は大切に保管・使用されており，みだりに他人に手渡したりしないものである以上，本人等の印章が押されているならば，特段の事情がない限り，それは本人等が自らの意思に基づいて押したものだという経験則にあると考えられています。

そうだとすれば，その逆，つまり本人等以外の者がみだりにハンコ（印章）を使用した（可能性がある）場合，この推定が覆ることになります。例えば，印章の盗用や冒用のケースです。

(2) 二段目の推定に対する反証活動

二段目の推定についても同様です。二段目の推定が認められる根拠は，自己の意思により押印する場合には，通常，文書の意思内容に誤りがないことを確認した上で行うものであるという経験則に求められます。

そのため，例えば，白紙の悪用（押印した時点では白紙だったものの，その後に文書内容が書き足された場合）・文書改ざん等の事実が，二段目の推定を覆す反証活動として主張されることになります。

## 3 本問へのあてはめ

### 1 ㋐について

本問では，証拠調べの結果，④「㋐の事実については，本件借用書の署名がYの自筆であるか否かは明らかでないが，本件借用書に押印されているYの印影と印鑑登録証明書の印影が同一であることが認められ」るとされています。

まず，本件借用書の署名がYの自筆であるか否かが明らかではない以上，Yがその意思に基づいて署名したのかが明らかではなく，「署名」によって，228条4項の推定（二段目の推定）を受けることはできません。

一方で，「本件借用書に押印されているYの印影と印鑑登録証明書の印影が同一であることが認められ」ることから，一段目の推定が適用されます。これに対して，Yは，本件借用書については，②「㋐Yが署名，押印した事実はない」としか主張しておらず，印章の盗用や冒用などの反証活動は行っていない以上，一段目の推定が覆ることはありません。

### 2 ㋑について

Yは，③「㋑仮に，Yが署名，押印したものだとしても，本件借用書に記載された借用金額『¥二百万円也』の部分は，Yが署名，押印した後，元々の『¥一百万円也』の上に，Xがもう1本『一』を書き足したものである」と主張しており，証拠調べの結果，⑤「㋑の事実については，これが認められるとは断定できないが，その可能性がある」と判断されています。

Yの主張は，上記の例のうち文書改ざんに当たり，二段目の推定に対する反証活動となります。そして，証拠調べの結果，その主張の真偽が不明であると判断されている以上，反証活動としては成功していることになります。

したがって，二段目の推定が覆ることになるので，本件借用書全体の成立の真正は推定されないことになります。

ちなみに，228条4項の「推定」を法律上の（事実）推定であると解する立場に立てば，この推定を覆すためには，本証の程度が要求されることになります。

そのため，上記事実が存在する可能性があるだけでは足りず，二段目の推定は覆りません。したがって，本件借用書全体の成立の真正も肯定されます。

**3**　結論

以上から，通説による限り，本件借用書の成立の真正は否定され，⑥形式的証拠力も認められないという結論になります。



## ■ 答案構成

1　形式的証拠力とは，文書の記載内容が作成者の思想を表現したものであること

→前提として文書の成立の真正が立証されなければならない

2　相手方が文書の成立の真正を認めれば，証明不要効が生じるが，相手方が相当な理由を明示（規則145）して争ったときは，証拠により成立の真正を証明しなければならない（228Ⅰ）

→私文書の場合は228条４項の適用

↓

二段の推定

↓

あてはめ

↓

3　推定を覆す事実はあるか

↓

一段目の推定を覆す事実はない

↓

本件借用書記載の「￥二百万円也」は，改ざんの可能性→二段目の推定が覆る

↓

二段目の推定は，事実上の推定にとどまるため，改ざんの可能性が残る場合には，推定が覆る

4　本件借用書の成立の真正は否定され，形式的証拠力が認められない

## 解答例

1　形式的証拠力とは，文書の記載内容が作成者の思想を表現したものであることを指す。形式的証拠力を有するためには前提として，文書の成立の真正（文書の記載内容が，挙証者が作成者であると主張する者の意思に基づいて作成されたこと）が立証されなければならない。

←形式的証拠力の意義と文書の成立の真正との関係

2(1)　この点について，相手方が文書の成立の真正を認めれば，補助事実の自白として証明不要効が生じる。

←228条１項，228条４項の指摘

しかし，本問のように，相手方が相当な理由を明示（民事訴訟規則145条）して争ったとき，書証の申出をした当事者は，証拠によって成立の真正を証明しなければならない（228条１項）。

そして，本件借用書のように，私文書の場合，228条４項により，本人又は代理人の署名又は押印があれば，文書の成立の真正が推定されることになる。

(2)　本件借用書では，Ｙの署名があるとは立証されていないが，本件借用書に押印されているＹの印影と印鑑登録証明書の印影が同一であることは認められている。

もっとも，押印の場合，単に当該文書の印影と本人等の印章によって顕出される印影が同一であるのみでは十分でなく，自己の意思に基づいて押印がなされたことまでが必要である。

←論証

←228条４項の「押印」は，自己の意思に基づくことが必要である旨の指摘

ただし，文書に押捺された印影が本人又は代理人の印鑑によるものであれば，それが意思に基づく押印であることが事実上推定されると解される。なぜなら，本人の印鑑を他人が勝手に使用することは，通常はあり得ないという経験則が認められるからである。

(3)　以上より，挙証者としては，本来は文書の成立の真正を立証する必要があるが，押印のある文書である場合には，その印影が本人又は代理人の印鑑によるものであることさえ立証すれば，それが意思に基づくものであると事実上推定される（一段目の推定）。それにより，228条４項が適用されて文書全体の成立の真正という事実が推定されることになる（二段目の推定）。

←二段の推定

この点に関して，228条４項が定める推定（二段目の推定）も，事実上の推定にとどまると解すべきである。仮に，これを法律上の推定と捉え，証明責任の転換をもたらすとすれば，裁判所の自由心証（247条）に対する過度の制約になりかねないからである。

←二段目の推定が事実上の推定である旨の指摘

(4)　上記のように，本件借用書に押印されているＹの印影と印鑑登録証明書の印影が同一であることは認められているのであるから，上記二段の推定によって，本件借用書の成立の真正は事実上推定される。

←あてはめ

3　では，この推定を覆す事実はあるか。

←推定を覆す事実の有無

(1)　まず，一段目の推定については，特にこの推定を覆す事

←一段目の推定

実はない。

(2) 次に，二段目の推定についてはどうか。

本件では，証拠調べの結果，Yが主張するように，本件借用書に記載された借用金額「¥二百万円也」は，元々の「¥一百万円也」に，Xがもう1本「一」を書き足した可能性があるとされている。

ここで，二段目の推定が認められる根拠は，自己の意思により押印する場合には，通常，文書の意思内容に誤りがないことを確認した上で行うものであるという経験則に基づく。

したがって，Yが主張するように，文書作成後にその内容が改ざんされた場合には，上記経験則が働かないため，二段目の推定が覆る。

そして，二段目の推定は，上記のように，あくまで事実上の推定にとどまるため，上記可能性が残るという真偽不明な状況となれば，その推定は覆ることになる。

4 したがって，本件借用書の成立の真正は否定され，形式的証拠力が認められないこととなる。

以 上

←二段目の推定

←法律上の推定説に立った場合には結論が逆になります

## ● 合格者の問題メモ

Xは，Yに対して貸し付けた２００万円について，１００万円については返済があったが，残りの１００万円については支払期限が過ぎたのに返済がなされていないとして，Yを被告として，金１００万円の支払を求める貸金返還請求訴訟を提起した（以下「本件訴訟」という。）。

本件訴訟において，Xは，XとYは，上記の消費貸借契約を締結した際に借用書を作成したとして，証拠として借用書（以下「本件借用書」という。）及びYの印鑑登録証明書を提出した。

Yは，Xから金を借りた事実はあるが，借りたのは１００万円であって，しかも，その１００万円は既に弁済済みであると反論した。

そして，Yは，本件借用書については，㋐Yが署名，押印した事実はない，㋑仮に，Yが署名，押印したものだとしても，本件借用書に記載された借用金額「¥二百万円也」の部分は，Yが署名，押印した後，元々の「¥一百万円也」の上に，Xがもう１本「一」を書き足したものであると陳述した。

証拠調べの結果，㋐の事実については，本件借用書の署名がYの自筆であるか否かは明らかでないが，本件借用書に押印されているYの印影と印鑑登録証明書の印影が同一であることが認められ，㋑の事実については，これが認められるとは断定できないが，その可能性があると判断された場合，本件借用書の形式的証拠力についてはどのように考えられるか。

【別紙】

借 用 書

平成２５年１０月２０日

¥二百万円也

借用いたします。

千葉市中央区松波３－３－１１　　Y ㊞

上記のとおり貸しました。

千代田区内幸町２－２　　X ㊞

## ● 合格者の答案構成

1. 文書の成立の真正が問題

(1). 228条4項該当性
二段の推定

(2). 証明責任

## 合格者の答案例

1 本件借用書の成立の真正について争いが生じていることから、文書の成立の真正に関する228条4項の適用関係が問題となる。

(1) 本人の印影と文書の印影が同一である場合、経験則上、本人の意思に基づいて印影が顕出されたものという事実上の推定が働く（一段目の推定）。そして、かかる推定の下、「本人……の押印」があるといえ、228条4項によって文書の成立の真正の推定が生じる（二段目の推定）。

本問においても、⑦の事実で述べられているように、Yの印影と本件借用書における印影が一致していることから、一段目の推定が働き、228条4項によって、文書の成立の真正の推定が働くことになる。

(2) もっとも、①の事実で述べられているように、本件借用書は、Yの署名・押印がなされた後に偽造がなされた疑いがある。そこで、かかる場合にも、文書の成立の真正が認められるか。同項の法的性質が問題となる。

同項は、法定証拠法則を定めたものに過ぎず、自由心証主義を尊重する見地から、証明責任を転換したものではないと考えられる。そのため、228条4項によって推定が働いたとしても、証明責任は、依然として、成立の真正を主張するものにあるといえる。

本問においても、証明責任は、Xにあるといえ、二段目の推定について、十分な証明ができなければ、本件借用書の形式的証拠力は否定される。

以上

45
46
47
48
49
50
51
52
53
54
55
56
57
58
59
60
61
62
63
64
65
66

67
68
69
70
71
72
73
74
75
76
77
78
79
80
81
82
83
84
85
86
87
88

# 第13問

XはYに対して，甲建物を貸し渡した（以下「本件賃貸借契約」という。）。ところが，本件賃貸借契約が期間満了により終了したにもかかわらず，Yが甲建物を立ち退かなかったので，①Xは，賃貸借契約の終了に基づく建物明渡しを求めて訴えを提起した。

この訴訟の第一審係属中の，平成27年２月，②ＸＹ間で，「甲建物をＸがＹに売却し，Ｙは，購入代金として400万円を支払う」との内容で，訴訟上の和解が成立した（以下「本件和解契約」という。）。しかし，Ｙは，代金の支払を怠っている。

③本件和解契約を解除し，改めて甲建物の明渡しを求めたいＸとしては，どのような手段をとるべきか。



## ■ 出題論点

・和解調書の既判力……………………………………………………………… A
・和解の解除……………………………………………………………………… A

## ■ 問題処理のポイント

本問は，訴訟上の和解についての理解を問う問題です。

この分野で頻出なのが，(a)和解調書の既判力の有無，(b)和解の効力を争う方法の２点です。これらについては，非常に激しい学説上の対立があります。

本問では，(b)に力点を置いて論じることになりますが，そこでは和解の無効・取消しを主張する場合とどのような異同があるのかという点を意識できるとよいでしょう。

## ■ 答案作成の過程

### 1 和解調書の既判力

本問では，③Ｘは，本件和解契約を解除し，改めて甲建物の明渡しを求めようとしているので，そもそも，この主張が認められなければなりません。

もっとも，267条は，「和解……を調書に記載したときは，その記載は，確定判決と同一の効力を有する。」と規定しています。そのため，「確定判決と同一の効力」に既判力（114条）が含まれるとすれば，本件和解契約の解除の主張も妨げられる可能性が出てきます。

この点については，学説は，既判力肯定説，否定説，制限的既判力説に分かれており，判例は，制限的既判力説の立場に立つと解されています（最大判昭33.3.5，最判昭33.6.14【百選93】）。

しかし，和解調書の既判力について肯定説又は制限的既判力説の立場に立ったとしても，本件和解契約の解除は，調書に記載された後の事情であるため，その主張が妨げられることにはなりません（民事執行法35条２項参照）。

## 2 解除の主張方法

問題は，本件和解契約の解除の主張方法です。

学説上は，大きく，訴訟終了効が消滅すると考え，期日指定の申立てをするという方法（期日指定申立説）と訴訟終了効が消滅しないと考え，和解無効確認の訴えや請求異議の訴え等の別訴提起をするという方法が主張されています（別訴提起説）。

期日指定申立説は，自説のメリットについて，Ⅰ旧訴の訴訟状態及び訴訟資料をそのまま利用できること，Ⅱ手続が簡便なこと，Ⅲ訴訟費用を節約できること，Ⅳ和解の成立に関与した旧訴の裁判官の方が和解の意思解釈に適任であること等を挙げます。

これに対して，別訴提起説は，期日指定申立説に対して，Ⅰ記録の取寄せや旧訴の訴訟記録の書証化等により，旧訴の訴訟資料を利用する実務上の法技術が発達しているから，別訴でもさしたる不利益はない，Ⅱ外在的後発的事由によって訴訟終了効が左右されるというのでは，既済事件が未済事件として復活する可能性がいつまでも残ることになり，裁判所に耐え難い負担をかけ，訴訟政策上妥当でない，Ⅲ解除の適否をめぐる紛争は，債務不履行の事実を中心として争われるもので，旧訴とは異質の独立した紛争であり，上訴審で和解が成立していた場合には，審級の利益を奪う結果となる等の批判を加えています。

判例は，一般に，別訴提起説に立つと解されています。最判昭43.2.15【百選94】は，「訴訟が訴訟上の和解によって終了した場合においては，その後その和解の内容たる私法上の契約が債務不履行のため解除されるに至ったとしても，そのことによっては，単にその契約に基づく私法上の権利関係が消滅するのみであって，和解によって一旦終了した訴訟が復活するものではないと解するのが相当である。」と述べています。

しかし，民法上，契約の解除には遡及効があると解されており，訴訟上の和解における私法行為としての側面と訴訟行為としての側面に連動性があると考える場合には，訴訟終了効も失われると考えられるため，理論的には旧訴が復活することを否定することはできないように思われます。

とはいえ，別訴提起説が批判するように，期日指定申立説にも問題がないわけではありませんので，実践的には別訴提起も認めるべきでしょう。本問とは異なりますが，訴訟上の和解に無効・取消原因がある場合には，判例は，期日指定の申立ても，別訴提起も双方認める立場に立つと解されています（期日指定の申立てを認めたものとして最判昭33.6.14【百選93】，和解無効確認を認めたものとして大判大14.4.24，請求異議を認めたものとして大判昭14.8.12）。

したがって，当事者は，期日指定申立て・別訴提起のいずれも選択することができると解すべきであるように思われます。

判例上も，広く眺めてみると，当事者が期日指定の申立てをした場合にはその申立てを認めているものもあり（大決昭8.11.29，京都地判昭31.10.19，大阪高判昭49.7.11），それぞれの事案に応じて両者を使い分けて具体的妥当性のある結論を導いているとみることも可能です。

## 3 結論

期日指定申立説によれば期日指定の申立てに，別訴提起説によれば和解無効確認の訴えによることになります。

競合説によれば，いずれの手段もとることができますが，本問では，具体的な事情にもよるものの，①前訴が賃貸借契約の終了に基づく建物明渡請求であるのに対し，②本件和解契約の内容は，甲建物の売買であって別紛争であり，旧訴の訴訟状態や訴訟資料の流用が考え難いので，別訴提起の方法（和解無効確認の訴え）を選択すべきでしょう。



### ■答案構成

1　Xが，本件和解契約を解除し，甲建物の明渡しを求めるためには，本件和解契約の解除を主張できることが必要

↓

和解調書の既判力

和解成立後の債務不履行を理由とする解除は基準時後の新事由だから，既判力に妨げられない

→Xは，解除を主張して，甲建物の明渡しを求めることができる

2　もっとも，裁判上の和解内容に不履行がある

↓

和解の解除

競合説

3　あてはめ

## 解答例

1(1)　Xが，本件和解契約を解除し，改めて甲建物の明渡しを求めるためには，本件和解契約の解除を主張できることが必要となる。

裁判上の和解は，訴訟行為と私法行為としての性質を併有し，相互に法的な影響を及ぼし合うものであるから，私法行為としての和解契約を債務不履行解除した場合，訴訟行為としての和解の効力も遡及的に消滅すると考えられる。

もっとも，和解調書の記載については，「確定判決と同一の効力」が認められる（267条）。このことから，少なくとも，調書に与えられる効力として，訴訟終了効しかないことを法は予定していないと考えられるから，和解調書には制限的ながら既判力があると解するべきである。

(2)　ただし，和解成立後の債務不履行を理由とする解除は和解が調書に記載された後の事由なので，既判力に妨げられない（民事執行法35条２項参照）。

したがって，Xは，債務不履行を理由とする解除を主張して，甲建物の明渡しを求めることができる。

2　では，裁判上の和解の内容に不履行があった場合，解除を主張する当事者はこれをいかにして争うべきか。

ここで，契約の解除は和解成立後の新たな事由に基づく権利変動であり，旧訴と別個の争いというべきであるから，新訴提起によって争うべきであるとする見解がある。

しかし，解除の効力は遡及的無効であるから，和解締結前の法律状態に復し，和解から生じた法的効果は一切消滅するはずである。

和解に解除原因があるといっても，具体的事件の状況により，また，和解の解除を主張しようとしているのがいずれの当事者かにより，いかなる方法によることが適切といえるかが異なり得る。

そこで，期日指定の申立てによることが合理的な場合には，旧訴を続行させることも認めるべきである。

3　したがって，Xとしては新訴提起，期日申立ていずれの手段もとることができる。

本件では，前訴が賃貸借契約の終了に基づく建物明渡請求であるのに対し，本件和解契約の内容は，甲建物の売買である。

したがって，前訴とは別紛争であると考えられるから，新訴提起の方法によることが適切である。

以　上

←訴訟上の和解の法的性質（両性説）についても一言論じておきました

←論証　和解調書の既判力
見解による差は生じないので，短く論じました

←和解の解除の主張方法

←論証
本問では，この論点くらいしか大きい論点がないので，反対説（別訴提起説）への批判まで含め，しっかりと論じました

←あてはめ

## ● 合格者の問題メモ

Ｘは Ｙに対して，甲建物を貸し渡した（以下「本件賃貸借契約」という。）。ところが，本件賃貸借契約が期間満了により終了したにもかかわらず，Ｙが甲建物を立ち退かなかったので，Ｘは，賃貸借契約の終了に基づく建物明渡しを求めて訴えを提起した。

この訴訟の第一審係属中の，平成２７年２月，ＸＹ間で，「甲建物をＸがＹに売却し，Ｙは，購入代金として４００万円を支払う」との内容で，訴訟上の和解が成立した（以下「本件和解契約」という。）。しかし，Ｙは，代金の支払を怠っている。

本件和解契約を解除し，改めて甲建物の明渡しを求めたいＸとしては，どのような手段をとるべきか。

## ● 合格者の答案構成

1. ① ~~和解無効確認の訴え~~（別訴）

② 期日指定

2. ~~①について~~.

既判力が生じるのか.

↓

制限的既判力説

↓

ok

3. ~~②~~、①、②どちらか、

別個の紛争とみるべき.

→ ①で、

Ⅱ 第一審手続 ▼ 第13問

## 合格者の答案例

1. 和解契約の解除を前提として、別訴を新たに提起するという手段か、あるいは、同一の訴訟手続を利用するとして期日指定の申立てを行うという手段が考えられるが、これらの手段は認められるのか。

2. 訴訟上の和解に既判力が生じる場合には、再審の手続を経ない限り、上記の手段は認められない。そこで、訴訟上の和解の効力が問題となる。

　確かに、「確定判決と同一の効力を有する」（267条）との文言からすれば、既判力が生じることは否定はできない。しかし、訴訟上の和解は、当事者の意思に基礎をおくものである以上、実体上の無効・取消原因がある場合には既判力は生じないものと解する。

　本問においてみるに、債務不履行解除という取消原因があるため、既判力は生じない。よって、上記手段は、再審の手続を経なくてもとり得る。

3. 上記手段のいずれをとるべきか。

　和解契約の解除によって、契約の効力は遡及的に消滅するため、訴訟終了効もまた遡及的に消滅すると考えれば、期日指定の申立てを行うべきとも思える。しかし、訴訟上の和解によって成立した契約の不履行によって生じた紛争は、従前の紛争とは別個独立の新たな紛争であるといえる。そのため、別訴を新たに提起するという手段をとるべきである。　以上。

23
24
25
26
27
28
29
30
31
32
33
34
35
36
37
38
39
40
41
42
43
44

45
46
47
48
49
50
51
52
53
54
55
56
57
58
59
60
61
62
63
64
65
66
67
68
69
70
71
72
73
74
75
76
77
78
79
80
81
82
83
84
85
86
87
88

# 第14問

以下の事例において，①Ｙ１及びＹ２の請求が認められるか。②前訴１及び前訴２の判決の効力を明らかにしつつ，論じなさい。

⑴　③家主Ｘ１は，借家人Ｙ１に対して，100万円の未払賃料があると主張し，これの支払を求める訴訟を提起した（以下「前訴１」という。）。Ｙ１は，未払賃料の存在については認めたが，④Ｙ１が８１に対して有する150万円の売掛金債権をもって相殺する旨の抗弁を提出したところ，裁判所は，150万円の売掛金債権が存在するとして，これを認め，請求棄却判決を下した。

⑤前訴１の判決が確定した後，Ｙ１は，前訴１で相殺の抗弁に供した150万円の売掛金債権の支払を求める訴訟を提起した。

⑵　⑥買主Ｘ２は，売主Ｙ２に対して，売買契約の目的物であるバイク（以下「本件バイク」という。）の引渡しを求めて訴えを提起した（以下「前訴２」という。）。⑦前訴２では，売買契約の成否と共に，目的物の代金額が争点となり，裁判所は，Ｘ２・Ｙ２間では，100万円で本件バイクの売買契約が成立していたと判断し，「Ｙ２はＸ２に対し，金100万円と引換えに，本件バイクを引き渡せ」との判決を下した。

しかし，⑧Ｙ２は，本件バイクの価格は200万円であると主張して，その支払を求める訴えを提起した。

## 出題論点

・114条２項の「既判力を有する」の具体的内容……………………………… C

## 問題処理のポイント

本問は，既判力に関する理解を問う問題です。

小問⑴では，相殺の抗弁に生じる既判力について問うています。この点について重要なのは，まず，114条１項及び２項の条文を素直に適用することです。答練や模擬試験でこのタイプの問題を出題すると，「答案作成の過程」でも触れている有名な論点があるためか，条文の適用によって（争いなく）既判力が生じる範囲を明らかにしない答案や不正確・不十分な記述にとどまる答案が少なからず見られます。

確かに，既判力については条文数が少なく，ほとんどは解釈問題となるのですが，「まずは条文」という基本をおろそかにしないように気を付けましょう。

小問(2)は応用問題です。伝統的通説によれば，114条１項によって既判力が生じるのは，訴訟物の範囲であるということになりますが，そこに含まれない部分について拘束力が生じるのか，生じるとすればどのような拘束力なのか，という点が問題となります。同様の問題意識に基づく出題は，新旧司法試験，予備試験において頻出ですので（例えば，（新）司法試験平成21年度民事系科目第１問設問２，旧司法試験平成15年度第２問設問２，予備試験平成24年度設問１），本問を通じて考え方を身に着けておいてください。

## ■答案作成の過程

### 1 問いに対する答え方

本問では，①「Ｙ１及びＹ２の請求が認められるか。」と問われていますので，「Ｙ１の請求は認められる。」「Ｙ２の請求は認められない。」という形で答えればよいのですが，②「前訴１及び前訴２の判決の効力を明らかにしつつ」という条件が付いていますので，これにも答えなければなりません。

解答の仕方としては，まず，②前訴１及び前訴２の判決の効力を明らかにし，その後，①Ｙ１及びＹ２の請求の当否について論じるというのが書きやすいでしょう。

ちなみに，確定判決の効力としては，形式的確定力と内容的確定力があり，内容的確定力の中にも，既判力，執行力，形成力，参加的効力があります。ただ，通常「判決の効力」の後訴に与える影響について問題となることが多く，その場合には既判力についてだけ述べれば足ります。本問でも同様です。

### 2 小問(1)について

**1** 前訴１の判決の効力

前訴では，③④Ｘ１からＹ１の未払賃料債権（訴求債権）100万円の存在が認められ，かつＹ１のＸ１に対する売掛金債権150万円の存在も認められ，請求棄却判決が下されています。

まず，訴求債権から検討していくと，請求棄却判決が下されていますので，114条１項によって，その不存在の判断に既判力が生じることになります（なお，114条１項は，「確定判決は，主文に包含するものに限り，既判力を有する。」と定めていますが，「主文に包含するもの」とは，訴訟物の範囲を意味すると解するのが伝統的な通説の考え方です。）。

一方で，反対債権はどうでしょうか。反対債権については，114条２項が，「相殺をもって対抗した額について既判力を有する」と定めています。このことから，まず，150万円のうち，「相殺をもって対抗した額」である100万円については，その不存在の判断に既判力が生じることになります。これに対して，残額の50万円に関する判断については，既判力は生じません。

さて，既判力の内容としては，以上についてだけ明らかにすれば設問の解決に十分なのですが，読者の皆さんは，「相殺の抗弁については，両債権が存在し，相殺によって消滅したという判断についてまで既判力が生じるという見解があったけど，それは書かなくていいのか。」と思われたかもしれません。

結論から言えば，「判決の効力を明らかにしつつ」と問われていますので，「書いた方が望ましい」ということになると思います。

しかし，必須ではありません。この点は，設問の解決に影響を及ぼさないからです。この論点が問題となるのは，上記の見解が問題視する，原告が反対債権が初めから存在しなかったとして不当利得返還請求や損害賠償請求をする場合，被告が原告の債権は別な理由で不存在であったと主張して，不当利得返還請求や損害賠償請求をする場合など，不当な蒸し返しがなされる（おそれがある）事案です。本問ではそのようなおそれがあるわけではありませんので，上記見解に立ったとしても，結論に違いは生じません。

もっとも，問いに答えるという意味では，触れておいた方がいいのは間違いないでしょう。そのため，「書いた方が望ましい」という程度にとどまるのです。

**2**　Ｙ１の請求の当否

⑤Ｙ１は，前訴１で相殺の抗弁に供した150万円の売掛金債権の支払を求める訴訟を提起しています。このうち，100万円の不存在の判断については既判力が生じていますので，再審事由がない限り，これを覆すことはできません。したがって，①後訴の受訴裁判所は，この部分は棄却しなければなりません。

一方で，①残額の50万円に関する判断については既判力が生じているわけではありませんので，改めて審理をし，その存在が認められれば，認容されることになります。ちなみに，前訴１では，150万円全体が認められていますので，前訴１の裁判資料を流用すれば，50万円はその存在が認められるという可能性が高いでしょう。

なお，一部認容判決については，**第3問**，**第4問**の解説を参照してください。

## 3　小問⑵について

**1**　前訴２の判決の効力

⑥⑦前訴２では，Ｘ２のＹ２に対する本件バイクの引渡請求が（引換給付判決としてですが）認容されています。この訴訟における訴訟物は，売買契約に基づく本件バイクの引渡請求権ということになり，その存在の判断について既判力が生じます。

問題は，「金100万円と引換えに」の部分（＊）に既判力が生じるかという点です。

上記のように，114条１項によって既判力が生じるのは訴訟物の範囲であると解されているところ，＊は，執行開始要件（民事執行法31条１項）であるとされていますので，訴訟物を構成するわけではありません。

したがって，既判力は生じないと解するのが原則です。

しかし，判例は，厳密な意味においては訴訟物を構成しない部分についても，既判力に準じる効力を認めることがあります。例えば，限定承認に関する最判昭49.4.26【百選85】は，「前訴の訴訟物は，直接には，給付請求権即ち債権（相続債務）の存在及びその範囲であるが，限定承認の存在及び効力も，これに準ずるものとして審理判断されるのみならず，限定承認が認められたときは前述のように主文においてそのことが明示されるのであるから，限定承認の存在及び効力についての前訴の判断に関しては，既判力に準ずる効力がある」と説示しています（下線は筆者が付したもの）。

この判例の趣旨からすれば，＊には，既判力に準じる効力があるという結論をとることもできます（ただし，本問では，前訴が売買契約に基づく本件バイクの引渡請求権を訴訟物としており，後訴は，売買契約に基づく売買代金支払請求権を訴訟物としています。**第15問**で詳しく取り扱いますが，既判力そのものは，前訴と後訴の訴訟物が同一である場合，先決関係にある場合，矛盾関係にある場合の３つの場合に，後訴に作用すると考えられています。上記前訴と後訴の訴訟物は，この３つの関係のどれにもあてはまらないと考えられますので，既判力に準じる効力も後訴に作用しないとみることができるように思われます。)。

また，仮に，既判力に準じる効力が認められないとしても，⑦本問のように，この部分が主要な争点となっており，前訴で争われている場合には，いわゆる争点効や信義則（２条）によって何らかの拘束力を認めることは可能です。

## 2　Ｙ２の請求の当否

⑧Ｙ２は，後訴で，Ｘ２に対して，200万円の売買代金の支払請求訴訟を提起しています。

上記のように，＊には既判力が生じないのが原則ですが，学説によっては，既判力に準じる効力が認められる，争点効や信義則による拘束力が認められるとする立場もあります。

これらの立場に立ち，①何らかの拘束力を認めた場合には，後訴裁判所はそれを前提として判断することになりますので，本件バイクの価格は200万円であるというＹ２の主張を排斥せざるを得ず，100万円の限度で一部認容判決を言い渡すことになるでしょう。

## ■答案構成

第1　小問(1)について

1　前訴1の判決の効力

訴求債権100万円の不存在の判断に既判力が生じる

↓

反対債権100万円の不存在の判断に既判力が生じる

→50万円の存在の判断には既判力が生じない

↓

訴求債権と反対債権がともに存在し，それが相殺によって消滅したという判断に既判力が生じるとする立場はとることができない

↓

2　Ｙ１の請求の当否

100万円の不存在の判断については既判力が生じているから，これを覆すことはできない

↓

50万円の部分は，改めて審理をし，認められれば，認容される

第2　小問(2)について

1　前訴2の判決の効力

「金100万円と引換えに」という部分は，訴訟物を構成するわけではないから，その判断に既判力が生じないのが原則

↓

既判力に準じる効力が認められる

↓

2　Ｙ２の請求の当否

本件バイクの価格は200万円であるというＹ２の主張を排斥せざるを得ない

↓

100万円の限度で認容される

## □ 解答例

第1　小問(1)について

1　前訴1の判決の効力

(1)　まず，訴求債権である未払賃料債権100万円については，前訴1では請求棄却判決が下され，確定しているから，114条1項によって，その不存在の判断に既判力が生じる。

次に，反対債権についても，114条2項によって，その不存在の判断に既判力が生じる。ただし，既判力が生じるのは，「相殺をもって対抗した額」に限られるから，残額の50万円の存在の判断については，既判力は生じない。

(2)　なお，原告・被告からの不当利得返還請求訴訟（民法703条，704条）や不法行為に基づく損害賠償請求訴訟（民法709条）の提起を防ぐために，上記既判力の範囲を超えて，訴求債権と反対債権がともに存在し，それが相殺によって消滅したという判断に既判力が生じるとする立場がある。しかし，債権の不存在が既判力によって確定された以上，当該請求権と矛盾関係に立つ不当利得返還請求権や不法行為に基づく損害賠償請求権にも，既判力が作用する。そのため，原告の「反対債権は初めから存在しなかったのだから相殺は無効である」との主張は，判決主文の訴求債権不存在の既判力によって排斥でき，被告による主張も同様に封じられる。

以上から，訴求債権の不存在及び反対債権の不存在について既判力が生じるとしておけば足りると解する。

2　Y1の請求の当否

Y1は，前訴1で相殺の抗弁に供した150万円の売掛金債権の支払を求める訴訟を提起している。

このうち，100万円の不存在の判断については既判力が生じているから，これを覆すことはできない。したがって，後訴の受訴裁判所は，この部分は棄却しなければならない。一方で，残額の50万円に関する判断については既判力が生じているわけではないから，改めて審理をし，その存在が認められれば，認容されることになる。

したがって，Y1の請求は，その限度で認められる。

なお，一部認容判決は，原告の合理的意思に反せず，被告の不意打ちにもならないから，246条に反しない。

第2　小問(2)について

1　前訴2の判決の効力

前訴2における訴訟物は，売買契約に基づく本件バイクの引渡請求権であるところ，前訴2では請求認容判決（引換給付判決）が下され，確定しているから，その存在の判断について既判力が生じる。

一方で，「金100万円と引換えに」の部分の判断には既判力が生じないのが原則である。これは，執行開始要件（民事執行法31条1項）であり，訴訟物を構成するわけではないから

←小問(1)について
←前訴1の判決の効力
←**論証**
←この点は，設問の解決には影響を及ぼしませんが，「判決の効力」が問われているので，一応論じておきました
←Y1の請求の当否
←一部認容判決の許容性については論じなくてもよいでしょう
←小問(2)について
←前訴2の判決の効力

である。

しかし，この部分は，訴訟物に準ずるものとして審理判断されるのみならず，主文においてそのことが明示されるのであるから，この部分についての前訴の判断に関しては，既判力に準ずる効力があると解すべきである。

2　Ｙ２の請求の当否

Ｙ２は，後訴で，Ｘ２に対して，200万円の売買代金の支払請求訴訟を提起しているところ，上記のように，「金100万円と引換えに」の部分には既判力に準じる効力が生じているから，後訴裁判所はそれを前提として判断することになる。

したがって，後訴裁判所は，本件バイクの価格は200万円であるというＹ２の主張を排斥せざるを得ない。

以上から，Ｙ２の請求は，100万円の限度で認められる。

以　上

←論証

←既判力に準じる効力により処理した

←Ｙ２の請求の当否

## ● 合格者の問題メモ

以下の事例において，Ｙ１及びＹ２の請求が認められるか。前訴１及び前訴２の判決の効力を明らかにしつつ，論じなさい。

⑴　家主Ｘ１は，借家人Ｙ１に対して，１００万円の未払賃料があると主張し，これの支払を求める訴訟を提起した（以下「前訴１」という。）。Ｙ１は，未払賃料の存在については認めたが，Ｙ１がＸ１に対して有する１５０万円の売掛金債権をもって相殺する旨の抗弁を提出したところ，裁判所は，１５０万円の売掛金債権が存在するとして，これを認め，請求棄却判決を下した。

前訴１の判決が確定した後，Ｙ１は，前訴１で相殺の抗弁に供した１５０万円の売掛金債権の支払を求める訴訟を提起した。

⑵　買主Ｘ２は，売主Ｙ２に対して，売買契約の目的物であるバイク（以下「本件バイク」という。）の引渡しを求めて訴えを提起した（以下「前訴２」という。）。前訴２では，売買契約の成否と共に，目的物の代金額が争点となり，裁判所は，Ｘ２・Ｙ２間では，１００万円で本件バイクの売買契約が成立していたと判断し，「Ｙ２はＸ２に対し，金１００万円と引換えに，本件バイクを引き渡せ」との判決を下した。

しかし，Ｙ２は，本件バイクの価格は２００万円であると主張して，その支払を求める訴えを提起した。

## ● 合格者の答案構成

1. (1)について、

X1 → Y1
100万

←
150万（相殺）

相殺の抗弁が既判力生じないか

(1) 前訴1での効力、

(2) 生じるのか、

2、(2)について、

引換給付判決で生ずる、既判力生じないか

(1) 前訴2での効力、

(2) 生じるのか、

(3)．信義則

## 合格者の答案例

1 小問(1)について

Y1は、前訴1で相殺の抗弁に供した150万円の売掛金債権の支払を求める訴訟を提起しているところ、前訴1によって生じた既判力によって、請求が認められないのではないか。

(1) 前訴1によって生じる既判力について

後訴への拘束力たる既判力は、原則として判決主文における訴訟物についてのみ生じるが(114条1項)、相殺の抗弁が審理判断された場合には、相殺をもって対抗した額についても既判力が生じる(114条2項)。これは、相殺の抗弁によって請求債権の支払いを免れた者が再度相殺に供した債権を利用することを防ぐ趣旨である。

本問において、相殺をもって対抗した額は100万円であるから、かかる金額が相殺によって不存在となったことにつき、既判力が生じることになる。

(2) 前訴1によって生じた既判力によって、請求が認められないのか。

本問では、相殺の抗弁に供した150万円の債権を請求しているところ、この内の100万円については、既判力によって主張することができない。よって、50万円の限度でしか、Y1の請求は認められない。

2. 小問(2)について

Y2の請求は、本件バイクの価格は200万円であるというものであるが、かかる主張は前訴2での本件バイクの価格が100万円であるとの認定と反する。そこで、前訴2によって生じた既判力によって、請求が認められないのではないか。

(1) 前訴2によって生じた既判力について

前述したように、既判力は、判決主文における訴訟物について生じる。そして、前訴2におけるバイクの価格は、引換給付文言に当たるところ、かかる文言が訴訟物に含まれるのかが問題となる。

引換給付文言は、強制執行開始要件として注意的に掲げられたものであるから、訴訟物には含まれないと解する。

本問においてみるに、100万円というバイクの価格は、前述したように引換給付文言に当たり、訴訟物には含まれず、既判力は生じない。

(2) 前訴2によって生じた既判力によって、請求が認められないのではないか。

前述したように、バイクの価格については、既判力は生じないため、Y2の請求は、既判力によって否定されない。

(3) もっとも、前訴2では売買契約の成否と共に、目的物の代金額が争点となっていることから、紛争の統一的解決の見地から、主張を制限できないか。

この点について、既判力を認めた趣旨は紛争の蒸し返しを防止する点にある。そこで、前訴で主要な争点となり、当該争点について裁判所の判断がなされ、当事者が当該事項について解決済みであるとの信頼をよせていた場合、信義則上、拘束力が生じるものと解する。

本問についてみるに、目的物であるバイクの代金額が争点となっており、かかる点について100万円であるとの認定がなされ、バイクの金額について解決済みであるとの信頼が生じている。そのため、バイクの金額が100万円であるとの認定に信義則上、拘束力が生じるといえ、本件バイクの価格は、200万円であるとする請求は認められない。

以上

# 第15問

①Xは，Yを被告として，売買代金債権（以下「A債権」という。）の履行を求める訴えを提起した（以下「前訴」という。）。②前訴では，Xの請求を認める判決が下され，これが確定した。

その後，③Yは，Xを被告として，A債権の不存在確認訴訟を提起した（以下「後訴」という。）。

【設問】

Yが後訴において，以下の事実を主張したとする。④Yの主張が認められる場合，裁判所は，いかなる判決を下すべきか。

1　⑤「前訴判決の確定後に弁済した。」と主張した場合

2　⑥「前訴判決の確定後に売買契約を詐欺を理由に取り消した。」と主張した場合

## ■ 出題論点

・形成権の行使と遮断効 …………………………………………………… A

## ■ 問題処理のポイント

第14問に引き続き，本問も既判力に関する理解を問う問題です。

本問では，既判力の作用の仕方について論じる必要がありますが，「答案作成の過程」でも解説しているとおり，(a)既判力が作用する場合，(b)既判力の法的性格，(c)既判力の内容の３点がポイントになります。

中でも，(a)既判力が作用する場合については論じるのを忘れがちですので気を付けてください。

## ■ 答案作成の過程

### 1　既判力の作用

本問では，②④前訴が確定した場合，後訴裁判所がいかなる判決を下すべきかが問われていますので，前訴判決の既判力が後訴にどのように作用するのか，という点を答えればよいことは明らかです（第16問の解説も参照）。

既判力が作用するのは，前訴訴訟物と後訴訴訟物が，同一関係にある場合，先決関係にある場合，矛盾関係にある場合の３つの場合であるとするのが現在の一

般的な考え方です。

本問では，①③前訴の訴訟物は，売買契約に基づく代金支払請求権（＝Ａ債権），後訴の訴訟物もＡ債権です。したがって，前訴の訴訟物と後訴の訴訟物は同一であるといえます。なお，学説によっては，このような事案を矛盾関係に分類するものもあります。ただ，いずれにしても，既判力が及ぶことには争いがありませんので，どちらに分類するかはあまり実益のある議論ではありません。

前訴の既判力が後訴に作用するとして，後訴裁判所はこれを前提としてどのように判断すればよいのでしょうか。

通説は，既判力を後訴裁判所に対して矛盾判断を禁止する作用であると理解する立場に立っています（拘束力説）。この立場からは，後訴裁判所は，既判力によって確定された事項を前提とする判断をしなければならず（積極的効力），それに矛盾する当事者の主張を排斥しなければなりません（消極的効力）。

では，前訴既判力によって確定された事項とはどのようなものでしょうか。これには，次の３つの観点が含まれます。

第１は，時的限界の問題です。いつの時点を基準として（これを基準時といいます。）権利関係の存否を確定するのか，という問題です。基準時は，前訴の最終の口頭弁論終結時であると解されています。第２は，客観的範囲の問題です。物的範囲の問題と呼ばれることもあります。この点については，第14問で扱いましたが，114条１項は，「確定判決は，主文に包含するものに限り，既判力を有する。」と定めており，「主文に包含するもの」とは，訴訟物の範囲を意味すると解するのが伝統的な通説の立場です。第３は，主観的範囲の問題です。既判力は，原則として訴訟当事者に及びますが（115条１項１号），これが拡張される場合もあります（同項２号～４号，その他特別法においても，拡張される場合があります。）。

この３つの観点を踏まえ，前訴における請求認容判決の既判力の内容を表すとすると，次のようになります。

「前訴判決の基準時（＝口頭弁論終結時）において，ＸとＹとの間において，Ａ債権が存在するとの判断に既判力が生じる。」（＊）

## 2 各設問について

### 1 設問１について

⑤「前訴判決の確定後に弁済した。」とのＹの主張が，＊に反しないか，検討します。

ここでは，前訴判決の確定後に弁済したと主張している点がポイントになります。前訴判決の確定後であれば，前訴判決の基準時において，Ａ債権が存在するとの判断に矛盾しません。むしろ，Ａ債権が存在したからこそ，Ａ債権について弁済を行ったとみることもできます。

したがって，④後訴裁判所は，このＹの主張を排斥する必要はありません。Ｙの主張が認められる場合には，請求を認容する判決を下すことになります。

**2**　設問２について

では，⑥「前訴判決の確定後に売買契約を詐欺を理由に取り消した。」との主張はどうでしょうか。

これは，詐欺を理由とした取消権の行使（民法96条１項）ですが，判決確定後に取消しの意思表示を行っていることからすれば，＊に矛盾しないとみることもできます。

しかし，取消権の行使によって，実体法上遡及効が発生しますので（民法121条），Ｙの主張が認められる場合には，売買契約の成立時点に遡って同契約が無効となり，その結果，Ａ債権は前訴判決の基準時において存在しないことになり，＊に矛盾することになります。

したがって，後訴裁判所は，このＹの主張を排斥しなければなりません。

ちなみに，学説上は，以上のようなシンプルな説明（このような説明をするものとしては，伊藤眞・民事訴訟法〔第４版補訂版〕517頁があります。）だけでなく，(a)取消権は，相殺権とは異なり，権利の発生そのものの障害事由であるから，要素の錯誤，強行法規違反などと等しく，権利そのものに付着する瑕疵とみることができること，(b)取消権や解除権については，それが口頭弁論終結前に成立していれば，前訴で行使しておくことを通常期待できること，(c)基準時後の取消権行使を認めるとすれば，前訴の基準時前に主張されなかった，より重大な瑕疵である当然無効の事由が遮断されることと釣り合いがとれないことなどが理由として挙げられています。

判例も，次のように述べ，詐欺取消しの抗弁は，既判力によって排斥されるとします（最判昭55.10.23【百選77】）。

「売買契約による所有権の移転を請求原因とする所有権確認訴訟が係属した場合に，当事者が右売買契約の詐欺による取消権を行使することができたのにこれを行使しないで事実審の口頭弁論が終結され，右売買契約による所有権の移転を認める請求認容の判決があり同判決が確定したときは，もはやその後の訴訟において右取消権を行使して右売買契約により移転した所有権の存否を争うことは許されなくなるものと解するのが相当である。」

なお，学説の中には，前訴口頭弁論終結時に存在し，既判力に矛盾する事項であっても，前訴で主張する期待可能性がない場合には，例外的に遮断の対象とならないとする立場があります。この立場からは，「当事者が右売買契約の詐欺による取消権を行使することができたのにこれを行使しないで」の説示部分はそのこと（当該事案では，取消権の行使について期待可能性があったこと）をいうものであると理解されています。

以上から，判例・通説に従う限り，期待可能性の有無を問うことなく，④後訴裁判所は，Ｙの主張を排斥し，その他の主張がなければ，Ｙの請求を棄却する判決を下すことになります。

## ■答案構成

第１　既判力の作用

　１　前訴判決の既判力が後訴にどのように作用するのか

　２　既判力が作用する場合

　３　既判力の作用の仕方

　４　本問における既判力の内容

第２　各設問について

　１　設問１について

　　Ｙの主張は，前訴判決の既判力に矛盾しない

　　後訴裁判所は，Ｙの主張を排斥する必要はなく，これが認められる場合には，請求を認容する判決を下すべき

　２　設問２について

　　形成権行使は，遮断されるか

　　肯定説

　　他に主張がなければ，請求を棄却する判決を下すべき

## 解答例

第1　既判力の作用

1　本問では，前訴が確定した場合，後訴裁判所がいかなる判決を下すべきかが問われているから，前訴判決の既判力が後訴にどのように作用するのか，という点を検討する。

←設問1・設問2に共通する事項を括りだし，総論部分としました

2　既判力が作用するのは，前訴訴訟物と後訴訴訟物が，同一関係にある場合，先決関係にある場合，矛盾関係にある場合の3つの場合である。

←既判力が作用する場合

本問では，前訴の訴訟物は，売買契約に基づく代金支払請求権（A債権），後訴の訴訟物もA債権であるから，前訴の訴訟物と後訴の訴訟物は同一である。

したがって，前訴判決の既判力が後訴に作用する。

3　そして，既判力は，後訴裁判所に対して矛盾判断を禁止する作用であるから，後訴裁判所は，既判力によって確定された事項を前提とする判断をなさなければならず（積極的効力），それに矛盾する当事者の主張を排斥しなければならない（消極的効力）。

←既判力の作用の仕方

4　本問では，前訴において，XのYに対する売買代金債権（A債権）の履行を求める訴えが認容されているから，XとYとの間において，A債権が存在するとの判断に既判力が生じている。ただし，A債権の存在は，前訴口頭弁論終結時（基準時）において確定されたにとどまる。権利義務関係は，絶えず変動するものであるところ，前訴判決は，前訴口頭弁論終結時における権利義務関係に対する判断であり，当事者もその時点まで裁判資料を提出することができるからである。

←本問における既判力の内容

後訴裁判所は，この既判力によって確定された事項を前提とする判断をなさなければならず，それに矛盾する当事者の主張を排斥しなければならない。

第2　各設問について

1　設問1について

←設問1について

本設問では，Yは，「前訴判決の確定後に弁済した」と主張している。

これは，前訴基準時において，A債権が存在したとの判断に矛盾するものではない。

←Yの主張が前訴判決の既判力に矛盾しないことの指摘

したがって，前訴判決の既判力によって遮断されることはなく，後訴裁判所は，この主張を前提として審理すればよい。

以上から，Yの主張が認められる場合には，請求を認容する判決を下すべきである。

2　設問2について

←設問2について

本設問では，Yは，「前訴判決の確定後に売買契約を詐欺を理由に取り消した」と主張している。

これは，詐欺を理由とした取消権の行使である。

確かに，取消権のような形成権の行使による権利変動は，意思表示をしたときに初めて発生するものであるから，いつの時点に形成権が存在したかということよりも，いつの時点

←問題の所在の指摘

に意思表示をしたかの方が重要とも思われる。このように考えれば，形成権の行使は，基準時後になされるものであるから，前訴判決の既判力に矛盾せず，遮断されないことになりそうである。

しかし，取消権の行使には，実体法上遡及効が発生するため（民法121条），Yの主張が認められる場合には，売買契約の成立時点に遡って同契約が無効となり，その結果，A債権は前訴判決の基準時において存在しないことになり，上記の前訴既判力に矛盾する。

←論証

したがって，後訴裁判所は，Yの主張を排斥しなければならない。実質的にみて，基準時後の取消権行使を認めるとすれば，前訴の基準時前に主張されなかった，より重大な瑕疵である当然無効の事由が遮断されることと釣り合いがとれないことからも，このように解すべきである。

←論述の流れを考え，実質的な理由付けを結論部分の後に持ってきました

以上から，後訴裁判所は，Yの主張を排斥し，その他の主張がなければ，Yの請求を棄却する判決を下すべきである。

以　上

## ● 合格者の問題メモ

Xは，Yを被告として，売買代金債権（以下「A債権」という。）の履行を求める訴えを提起した（以下「前訴」という。）。前訴では，Xの請求を認める判決が下され，これが確定した。

その後，Yは，Xを被告として，A債権の不存在確認訴訟を提起した（以下「後訴」という。）。

【設問】

Yが後訴において，以下の事実を主張したとする。Yの主張が認められる場合，裁判所は，いかなる判決を下すべきか。

1　「前訴判決の確定後に弁済した。」と主張した場合

2　「前訴判決の確定後に売買契約を詐欺を理由に取り消した。」と主張した場合

## ● 合格者の答案構成

1. 小問1.

既判力にていしょくし、認められないのでは?

(1) 既判力の根拠 → 手続保障に基づく自己責任

→ 口頭弁論終結時まで問える

→ よって、かかる時点までの訴訟物に関するものは既が生じる

→ しゃだん効

→ [illegible]では〜[illegible]て生じる.

(2) 当てはめ,

safe.

2. 小問2.

(1) 形成権の特殊性

規範

(2) 当てはめ.

## 合格者の答案例

1. 小問1.
「前訴判決の確定後に弁済した」との主張は、前訴によって生じた既判力によって排斥されないか。
(1) 既判力は、判決主文における訴訟物についてのみ生ずる（114条1項）。当事者が争う対象である訴訟物についてのみ拘束力を及ぼせば紛争解決には十分だからである。そして、既判力の根拠は手続保障に基づく自己責任にあるところ、かかる自己責任は、口頭弁論終結時まで問える。よってかかる時点までの訴訟物に関する権利関係について既判力が生じる。そして、かかる拘束力によって、既判力が生じている事項を争うために、基準時前の事由を主張することは原則としてできなくなると解される。
(2) 本問では前訴の口頭弁論終結時前の事由をもってA債権の請求権を争うことは、既判力に反することになる。そもそも弁済したとの上記主張は、前訴判決確定後の事由であるから、既判力によって排斥されない。
(3) よって、Yの主張が認められる場合、裁判所は、Yの後訴における請求を認容する判決を下すべきである。
2. 小問2
「前訴判決確定後に売買契約を詐欺を理由に取り消した」との主張は前訴によって生じた既判力によって排斥されないか。
(1) 形成権は、行使される前は、何ら効果を発しないことから、基準時前の事由には当たらないとも思える。しかし、基準時前の取り消し原因を理由とすることが許されると、紛争の蒸し返しがなされるおそれがある。また、基準時前の事由を理由とするならば、前訴判決前でも主張し得たのだから、手続保障上問題はない。
そこで、基準時前における事由を理由とした形成権の行使は、前訴訴訟物に内在・付着する瑕疵であれば、既判力によって主張が許されないと解する。もっとも、前訴の基準時前に主張しなかったことにつき正当な理由があれば、例外的に主張できると解する。
(2) 本問においてみるに、詐欺は基準時前における事由であり、売買契約を取り消し、A債権の請求権を消滅させる点において、前訴訴訟物に内在・付着する瑕疵といえる。そして、前訴の基準時前に主張しなかったことにつき正当な理由があるとはいえない。よって、上記主張は、既判力によって排斥される。
(3) よって裁判所は、後訴における請求を棄却するべきである。
以上

45
46
47
48
49
50
51
52
53
54
55
56
57
58
59
60
61
62
63
64
65
66

67
68
69
70
71
72
73
74
75
76
77
78
79
80
81
82
83
84
85
86
87
88

# 第16問

①原告を甲，被告を乙とする土地所有権確認請求訴訟をA訴訟とし，②乙から甲に対する同一土地の所有権確認の訴えをBの訴えとするとき，

(1)　③A訴訟の係属中に別訴として起こされたBの訴え

(2)　④A訴訟の係属中に反訴として起こされたBの訴え

(3)　⑤A訴訟につき甲の請求を認容する判決が確定した後に起こされたBの訴え

は，⑥それぞれ適法か。

（旧司法試験　昭和51年度第2問）

## ■ 出題論点

・二重起訴の禁止……A

## ■ 問題処理のポイント

本問は，二重起訴の禁止と既判力に関する理解を問う問題です。旧司法試験昭和51年度第2問で出題された問題をそのまま用いています。

二重起訴の禁止については，第7問でも扱いましたが，禁止の趣旨と要件の定立が重要となりますので，本問を通じて知識を確認しておいてください。

また，既判力については，第14問，第15問でも扱いましたが，本問は，第15問の「問題処理のポイント」に記載した(b)既判力の法的性格に関わるものです。既判力が作用する場合，どのような理屈でどのような処理がなされるのか，しっかりと押さえておきましょう。

## ■ 答案作成の過程

### 1　小問(1)について

**1**　二重起訴の禁止（重複訴訟の禁止，142条）

⑥本小問では，Bの訴えの適法性が問われていますので，訴訟要件について検討すればよいことが分かります。訴訟要件の中で何が問題となるのかは，①③A訴訟が係属していることとの関係が問題となっていることから，二重起訴の禁止であることは明らかです。

二重起訴の禁止を定める142条は，「裁判所に係属する事件については，当事者は，更に訴えを提起することができない」と定めています。ここから，二重起訴

に当たるか否かの要件は，(a)既に訴訟係属していること（「係属する事件」），(b)事件が同一であること（「事件について……更に……」）の２つが要件となります。

このうち(a)の要件は，多くの場合問題とならない（明らかである）ことが多く，本問でも同様です。そこで，(b)の要件について検討していくことになります。

(b)の要件は，ⓐ当事者の同一性とⓑ事件対象の同一性の２つから構成されます。学説上議論があるのは，主にⓑの要件についてです。この点については，訴訟物たる権利関係の同一性を意味すると解する見解が有力に主張されています。そのように解釈すれば，形式的には，本小問のように，同一当事者間で同一物の所有権確認を求める訴えが重複した場合にも，二重起訴の禁止に触れないという結論になります。

しかし，多くの学説は，そのような結論は不当であると考えています。伝統的通説は，二重起訴の禁止の趣旨を，㋐裁判所の二重審理による訴訟不経済の防止，㋑裁判（判決効）の矛盾・抵触の防止，㋒被告の二重応訴の煩の回避にあると説明していますが，同一当事者間で同一物の所有権確認を求める訴えが重複した場合には，㋐㋑の趣旨が妥当することになります。

そのため，現在は，学説上，この場合に二重起訴の禁止に抵触すると解する立場が多数を占めています。説明の仕方には様々なものがありますが，訴訟物たる権利関係が同一でなくとも，２つの事件において主要な争点や法律要件事実が共通であればよいなどとして，訴訟物たる権利関係の同一性から離れ，これを拡大するというものが簡明であるように思われます。

**2**　本問へのあてはめ

ⓐ当事者の同一性については，①②Ａ訴訟の原告被告が逆転しているだけですので，満たされています。

ⓑ事件対象の同一性については，上記のように説明の仕方には差がありますが，満たされていると考えてよいでしょう。

したがって，ⓐの要件だけでなく，ⓑの要件も満たします。

以上から，「裁判所に係属する事件について……，当事者」が「更に訴えを提起する」場合に当たり，二重起訴の禁止に触れることになりますので，⑥Ｂの訴えは不適法なものとして却下されます。

## 2　小問(2)について

本小問では，④前小問におけるＢの訴えを反訴として提起しています（146条）。

学説は，一般に，反訴として提起する場合には，同一手続内で処理されることから，上記趣旨が妥当せず，二重起訴の禁止には抵触しないとしています。

したがって，反訴の要件を満たす場合には，適法に訴えを提起することができます。

反訴の要件は，(a)本訴請求又は本訴の防御方法と関連するものであること，(b)

本訴が事実審（控訴審）に係属し，口頭弁論終結前であること，(c)反訴の提起によって著しく訴訟手続を遅滞させないこと，(d)訴えの併合の一般的要件を満たすことですが，(b)～(d)は，問題文の事情から明らかではないため，(a)の要件について検討すれば足りるでしょう。

①②本問Bの訴えは，A訴訟と同一の土地所有権の帰属をめぐるものであって，(a)「本訴の目的である請求……と関連する請求」（146条1項）であるといえます。

したがって，(b)～(d)の要件を満たせば，反訴の要件を満たすため，⑥Bの訴えは適法であるという結論になります。

## 3 小問(3)について

本小問では，⑤A訴訟について甲の請求を認容する判決が確定していることから，「更に訴えを提起する」場合には当たらず，二重起訴の禁止が問題となるわけではありません。

問題となるのは，判決が確定していることとの関係，すなわち，既判力との関係です。

⑤A訴訟について，甲の請求を認容する判決が確定していることから，この判決の既判力によってA訴訟の基準時において甲に土地所有権が帰属することが確定されます。そして，②Bの訴えは，同一土地の所有権確認を求めるものであって，甲の土地所有権を訴訟物としますから，実体法上の一物一権主義を介してA訴訟の訴訟物（甲の土地所有権）と矛盾関係に立つことになります（その他，既判力が作用する場合としては，同一関係，先決関係が挙げられています。**第15問**の解説参照）。そのため，A訴訟の既判力は，Bの訴えに作用します。

したがって，Bの訴えの受訴裁判所は，A訴訟の基準時において甲に土地所有権が帰属することを前提とする判断をしなければならず（積極的効力），それに矛盾する当事者の主張を排斥しなければなりません（消極的効力）。

そのため，A訴訟の基準時以降に，乙が土地所有権を取得した等の事情がない限り，Bの訴えを理由なしとして「棄却」することになります。

このように，既判力が作用する場合には，拘束力が作用する結果，後訴裁判所は，請求を「棄却」することになりますが，訴えを不適法であるとして「却下」するわけではありません。

そこで，本小問で「適法」かと問われていることの意味が問題となります。

おそらく，これには2つの読み方があるのではないかと思います。

1つの読み方は，既判力の作用の意味を問うているというものです。既判力の作用は，上記のように後訴裁判所に対して矛盾判断を禁止する作用であると理解する立場（拘束力説）が通説です（**第15問**の解説も参照）が，一部学説には，再度の審判を禁止すべく既判事項を不適法として排斥する作用であると理解するものがあります（一事不再理説）。後者の立場によった場合には，既判力が作用する場合，後訴裁判所は，不適法な訴えであるとして「却下」することになります。このことを問うているのだとみるわけです。

もう１つの読み方は，信義則による後訴の遮断について問うているというものです。判例は，事案によっては，信義則を用いて後訴を不適法なものとして却下する取扱いをする場合があります（最判昭51.9.30【百選79】，最判平10.6.12【百選80】）。この読み方は，このことを問うているのだと考えるものです。しかし，信義則による後訴の遮断は，既判力が作用しない場合において，不当な蒸し返しを防止するためにとられた例外的な法的構成であると理解すべきでしょうから，本問のような矛盾関係に当たる典型例として挙げられている事案について，信義則による後訴遮断を問うものであるとみるのは無理があるように思われます。

解答例は，１つ目の読み方に立って作成してあります。

## ■ 答案構成

第１　小問(1)について
　１　二重起訴の禁止に反しないか
　　　↓
　２　二重起訴の禁止の要件
　　　↓
　３　①当事者の同一性→満たされる
　　　②事件対象の同一性は？
　　　↓
　　　争点が共通することをもって足りる
　　　↓
　　　あてはめ
　　　↓
　４　Ｂの訴えは，二重起訴の禁止に反し，不適法

第２　小問(2)について
　１　反訴として提起する場合には，二重起訴の禁止に反するわけではない
　　　↓
　２　反訴の要件
　　　↓
　３　あてはめ

第３　小問(3)について
　１　二重起訴の禁止に反するわけではない
　　　↓
　２　Ａ訴訟とＢの訴えの訴訟物は，矛盾関係に立つ
　　　↓
　　　既判力が作用する
　　　↓
　３　既判力が作用する場合には，積極的効力と消極的効力が発生する
　　　↓
　　　不適法却下されるのではなく，棄却される

## 解答例

第1　小問(1)について

1　本問では既にA訴訟が係属しているから，同一土地の所有権確認を内容とするBの訴えは，二重起訴の禁止（142条）に反し，許されないのではないか。

2　二重起訴の禁止に反するのは，「事件について……更に訴えを提起する……」場合である。

これは，訴えの不可欠の要素である，①当事者の同一性と②事件対象の同一性をもって判断される。

3　本小問では，Bの訴えは，A訴訟の原告被告が逆転しているだけであるから，①は満たされる。

では，②事件対象の同一性は満たされるか。

142条の趣旨は，既判力の抵触回避，相手方の応訴の煩回避，訴訟不経済の防止，という3点にある。そして，これらの趣旨からすれば，②事件対象の同一性は，訴訟物たる権利関係が同一である場合はもちろん，争点が共通することをもって足りると解すべきである。

上記のように，A訴訟とBの訴えは，同一土地の所有権確認を内容とするものであるから，争点が共通する。

したがって，②事件対象の同一性も満たされる。

4　以上から，Bの訴えは，二重起訴の禁止に反し，不適法となる。

第2　小問(2)について

1　本小問では，前小問におけるBの訴えを反訴として提起している（146条）。

反訴として提起される場合には，同一手続内で処理されることから，上記趣旨が妥当せず，二重起訴の禁止には抵触しない。

したがって，反訴の要件を満たす場合には，適法に訴えを提起することができる。

2　反訴の要件は，①本訴請求又は本訴の防御方法と関連するものであること，②本訴が事実審（控訴審）に係属し，口頭弁論終結前であること，③反訴の提起によって著しく訴訟手続を遅滞させないこと，④訴えの併合の一般的要件を満たすことの4つである。

3　本問Bの訴えは，A訴訟と同一の土地所有権の帰属をめぐるものであって，①「本訴の目的である請求……と関連する請求」であるといえる。

そのほか，②～④の要件を満たせば，Bの訴えは適法である。

第3　小問(3)について

1　本小問では，A訴訟について甲の請求を認容する判決が確定していることから，「更に訴えを提起する」場合には当たらず，二重起訴の禁止が問題となるわけではない。

2　A訴訟について，甲の請求を認容する判決が確定している

←小問(1)について
←論証
←二重起訴の禁止の要件
←①当事者の同一性
←②事件対象の同一性
←論証
←結論
←小問(2)について
←二重起訴の禁止に反しない旨の指摘
←反訴の要件
←あてはめ
←小問(3)について
←この点は割愛可
←既判力との関係

ことから，この判決の既判力によってA訴訟の基準時において甲に土地所有権が帰属することが確定される。

そして，Bの訴えは，同一土地の所有権確認を求めるものであって，甲の土地所有権を訴訟物とするから，実体法上の一物一権主義を介してA訴訟の訴訟物（甲の土地所有権）と矛盾関係に立つ。

←既判力が作用する場合に当たる旨の指摘

したがって，A訴訟の既判力は，Bの訴えに作用する。

3　既判力が作用する場合には，Bの訴えの受訴裁判所は，A訴訟の基準時において甲に土地所有権が帰属することを前提とする判断をなさなければならず（積極的効力），それに矛盾する当事者の主張を排斥しなければならない（消極的効力）。

←既判力が作用する場合の効果

そうすると，後訴が不適法として却下されるわけではない。

後訴裁判所は，A訴訟の基準時以降に，乙が土地所有権を取得した等の事情がない限り，Bの訴えを理由なしとして「棄却」することになる。

以　上

## ● 合格者の問題メモ

原告を甲，被告を乙とする土地所有権確認請求訴訟をA訴訟とし，乙から甲に対する同一土地の所有権確認の訴えをBの訴えとするとき，

⑴　A訴訟の係属中に別訴として起こされたBの訴え

⑵　A訴訟の係属中に反訴として起こされたBの訴え

⑶　A訴訟につき甲の請求を認容する判決が確定した後に起こされたBの訴え

は，それぞれ適法か。

## ● 合格者の答案構成

1. 小問(1)

甲 ① A → 乙

← ② B（別訴）

(1) 二重起訴の禁止

該当

(2) 違法

2. 小問(2)

甲 A → 乙

← B（反訴）

(1) 二重起訴の禁止に当たりそう

しかし

反訴は〜

よって問題なし

3. 小問(3)

甲 ① → 乙

確定（認容）

← ②

既判力に抵触しないか。

(1) 訴訟物（甲の土地所有権）

↳ 同一・矛盾・先決

(2) 矛盾

作用する

違法

## 合格者の答案例

1. 小問(1)について
　別訴として起こされたBの訴えは、二重起訴（142条）に該当し、違法ではないか。
(1)、142条の趣旨は、重複訴訟による訴訟不経済、判決の矛盾抵触の危険を回避する点にある。そこで、事件の同一性、すなわち当事者の同一性及び審判対象の同一性が認められる場合には、二重起訴の該当し、違法となると解する。
(2) A訴訟とBの訴えは、原告と被告という点で違いはあるが、甲と乙が当事者としては同一である。そして、審判対象はどちらも、土地所有権であり、同一である。よって、二重起訴に該当し違法である。

2. 小問(2)について
　反訴として起こされたBの訴えは、二重起訴（142条）に該当し、違法ではないか。
(1)、確かに、小問(1)と同様に当事者の同一性、審判対象の同一性は認められることから、二重起訴に該当するようにも思われる。もっとも、反訴の場合、本訴と併合して審理されることになるため、重複訴訟による訴訟不経済や判決の矛盾抵触の危険といった二重起訴による弊害は生じない。そのため、142条の趣旨が反訴の場合には妥当せず、二重起訴には該当しないといえる。
(2) よって、適法である。

3. 小問(3)について
　A訴訟につき、甲の請求を認容する判決が確定した後に起こされたBの訴えは、既判力によって、許されないのではないか。
(1)、既判力は、判決主文における訴訟物に生じる（114条1項）。なぜなら、当事者が争う訴訟物についての権利関係につき拘束力を認めれば、紛争解決にとっては十分だからである。
　そして、既判力の根拠は、手続保障に基づく自己責任にあるところ、かかる自己責任は、自由に証拠を提出できる口頭弁論終結時（以下、基準時とする。）まで問える。そのため、基準時における訴訟物についての権利関係につき既判力が生じ、基準時前の事由をもって、既判力が生じた事項を争うことはできないと解する。
(2)、既判力は、訴訟物が同一か、矛盾ないしは先決関係がある場合に作用するところ、A訴訟ではAの土地所有権、Bの訴えはBの土地所有権が訴訟物であり、同一の土地の所有権であることから、矛盾関係にある。そのため、Bの訴えにおいてA訴訟における基準時においてAの所有権につき既判力が生じることとなる。
　したがって、A訴訟の基準時前の事由をもって、所有権確認請求訴訟をする場合には、既判力によって、許されず、違法となる。

以上。

45
46
47
48
49
50
51
52
53
54
55
56
57
58
59
60
61
62
63
64
65
66

67
68
69
70
71
72
73
74
75
76
77
78
79
80
81
82
83
84
85
86
87
88

# 第17問

X１とX２が交差点を横断しようとしていたところ，Yが運転するトラックにはねられ，それぞれが重傷を負った。そこで，①X１とX２は，共同でYに対して不法行為に基づく損害賠償請求の訴えを提起した。

②Yは，事故当時，Xらは赤信号を無視して横断していたと主張した。

以上の事実を前提として，以下の問いに答えなさい。

(1) ③X１は，口頭弁論において，Yの主張するとおりである旨を陳述し，また，④X１の当事者尋問でも同様の証言をした。X１が行ったこの⑤陳述及び⑥証言は，⑦訴訟上どのような意味をもつか。

(2) ⑧X１は，口頭弁論において，Xらが交差点を横断した際，信号は青だったと陳述した。また，⑨X１は，当事者尋問でも同様の証言をした。

X１が行ったこの⑩陳述及び⑪証言は，⑫共同訴訟人であるX２にとって，訴訟上どのような意味をもつか。

## 出題論点

- 裁判上の自白の効力（裁判所拘束力）……A
- 裁判上の自白の効力（当事者拘束力）……A
- 共同訴訟人間の証拠共通……A
- 共同訴訟人間の主張共通……A

## 問題処理のポイント

本問は，裁判上の自白と共同訴訟人独立の原則に関する理解を問う問題です。

裁判上の自白については，第8問でも扱いましたが，まずはその意義を正確に理解し，論じられることが重要です。本問でも，裁判上の自白の意義へのあてはめができれば，十分な評価を得られることでしょう。

共同訴訟人独立の原則については，その適用の前提として，通常共同訴訟になる旨の指摘を忘れないように気を付けてください。その上で，主張共通，証拠共通について認められるとすれば，同原則をどのように修正するものなのか，またその取扱いに差異を設けるとすればそれはなぜなのか，という点をしっかりと理解し，答案上表現できているのかチェックしてみてください。

## ■ 答案作成の過程

### 1 小問⑴について

**1** Ｘ１の陳述について

⑴ 裁判上の自白の意義・効果

②Ｙは，事故当時，Ｘらは赤信号を無視して横断していたと主張しているところ，③Ｘ１は，これを認めています。そのため，⑤⑦Ｘ１の陳述は，自白としての意味を持ちそうです。

裁判上の自白とは，口頭弁論又は争点整理手続期日において，相手方が主張する自己に不利益な事実を争わない旨の，当事者の弁論としての陳述をいうと定義されています。このうち，「自己に不利益な」（不利益要件）の意味については，証明責任説と敗訴可能性説の対立がありますが，前者が通説・実務の考え方であるといわれています（なお，前者によった場合には，間接事実・補助事実には証明責任が観念できないことから，不利益要件が課されることになるのは主要事実についての自白のみ，ということになるものと思われます。）。

裁判上の自白が成立した場合の効果ですが，不要証効（179条），裁判所拘束力，当事者拘束力の３つがあります。ただし，問題となる事実によって，発生する効果は異なります。不要証効は，主要事実だけでなく，間接事実・補助事実の自白についても及ぶと解されていますが，裁判所拘束力・当事者拘束力は，主要事実の自白についてのみ発生すると解されています（最判昭31.5.25，最判昭41.9.22【百選54】，第８問の解説も参照）。

⑵ 本問へのあてはめ

上記のように，どのような事実についての自白なのかによって，効果が異なりますので，Ｘ１の陳述が，どのような事実の自白であるのかを明らかにしなければなりません。そこで，②「Ｘらは赤信号を無視して横断していた」（＊）という事実の意味を考える必要があります。

Ｙの主張は，過失相殺をいうものです（民法722条２項）。その過失を基礎付ける事実として，＊の事実を主張しています。過失のような規範的要件の場合，過失を基礎付ける事実（評価根拠事実）が主要事実になると解されています（なお，学説上，過失相殺において過失を基礎付ける事実の主張が要るか，過失相殺を行う旨の意思の表明（権利主張）が要るかが議論されていますが，これは，過失を基礎付ける事実の主張や権利主張がなされていない場合には，裁判所が職権で過失相殺をすることができるか，という事案で問題となるものです。本問では，議論の実益に乏しいので，本解説及び解答例では割愛します。）。

そのため，これは主要事実の自白としての意味を持ちます。上記の定義にあてはめて考えてみれば，「口頭弁論に……おいて」，「相手方」Ｙが主張する「自己に不利益な」（＝相手方であるＹが証明責任を負う）事実である＊を争わない旨の，当事者の弁論としての陳述ということになります。

したがって，＊の事実については，当事者は証明することを要せず，裁判所はこれを前提として裁判（判決）をしなければなりません。また，Ｘ１がこれを任意に撤回することはできません。

**2**　Ｘ１の証言について

④Ｘ１は，当事者尋問においても，同様の証言を行っていますが，これは，裁判上の自白には当たりません。上記のように，裁判上の自白とは，口頭弁論又は争点整理手続期日において，相手方が主張する自己に不利益な事実を争わない旨の，当事者の弁論としての陳述を言いますので，証拠調べ手続である当事者尋問において，当事者が相手方の主張と一致する内容を供述したとしても，自白は成立しません。

⑥⑦これは，あくまでも，＊の事実を証明する一証拠資料となるにとどまります。

## 2　小問(2)について

**1**　Ｘ１の陳述について

(1)　共同訴訟人独立の原則と共同訴訟人間の主張共通

小問１とは異なり，⑧Ｘ１は，口頭弁論において，Ｘらが交差点を横断した際，信号は青だったと陳述しています。これは過失を基礎付ける事実（評価根拠事実）と両立しない（矛盾する）事実を主張するものですので，否認（積極否認）になります。

ただ，Ｘ１の主張の法的性質がどのようなものであったとしても，①この訴訟は，通常共同訴訟になる（38条前段第２文）ため，共同訴訟人独立の原則（39条）がはたらき，⑩⑫Ｘ１は，Ｘ２（Ｙ間の訴訟関係）に影響を与えないのが原則です。

しかし，学説の中には，共同訴訟人間の主張共通を肯定するものがあります（よく言われる話ですが，ここでいう主張共通とは，弁論主義において一般的に承認されている主張共通の原則と異なることに注意してください。）。ただし，この立場も，主張共通の原則がはたらくのは，他の共同訴訟人にとって有利な主張に限定されますので，例えば，小問(1)で問題となったような自白は，他の共同訴訟人に影響を与えません。

また，共同訴訟人の主張共通と同様の結論を，当然の補助参加の理論によって認めようとする学説もあります（なお，共同訴訟人の主張共通と，当然の補助参加の理論の違いについても議論がありますが，ここでは立ち入りません。）。

もっとも，判例は，この当然の補助参加の理論を否定しています。最判昭43.9.12【百選95】は，「通常の共同訴訟においては，共同訴訟人の１人のする訴訟行為は他の共同訴訟人のため効力を生じないのであって，たとえ共同訴訟人間に共通の利害関係が存するときでも同様である。したがって，共同訴訟人が相互に補助しようとするときは，補助参加の申出をすることを要するのである。もしなんらかかる申出をしないのにかかわらず，共同訴訟人とその相手方との間の関係から見て，その共同訴訟人の訴訟行為が，他の共同訴訟人のため当然に補助参加がされたと同一の効果を認めるものとするときは，果していかなる関係があるときこのような効果を認めるかに関して明確な基準を欠き，徒らに訴訟を混乱せしめることなきを保しえない。」と述べています（下線は筆者が付したもの。ただし，この判例の事案は，共同訴訟人間に利害対立があるなど，やや特殊なものであったので，正面から当然の補助参加の理論を問題とすべき事案だったのか疑問がないわけではありません。）。

(2) 本問へのあてはめ

共同訴訟人独立の原則からすれば，⑩⑫X１の陳述は，X２に影響を与えるものではありません。

これに対して，X１の陳述は，X２にとって有利なものですので，共同訴訟人間の主張共通の原則や当然の補助参加の理論をとれば，X２も否認したことになるでしょう。

## 2 X１の証言について

(1) 共同訴訟人独立の原則と共同訴訟人間の証拠共通

⑨X１の証言についても，共同訴訟人独立の原則からすれば，⑪⑫X２に影響を与えないのが原則です。

しかし，判例（最判昭45.1.23）・通説は，主張共通とは異なり，証拠共通については，これを認める立場に立っています。その理由については，自由心証主義（247条）の下では，裁判所が１つの歴史的事実について共同訴訟人それぞれのために異なる事実認定をすることは不可能又は不自然であることなどが挙げられています。ただし，近時の学説では，証拠共通を認めつつも，証拠申出のない共同訴訟人に対して，他の共同訴訟人の申出による証拠調べに関して注意を喚起し，攻撃防御を尽くす機会を保障することが裁判所に期待されるなどと説くものもあります。

共同訴訟人間の主張共通を否定しつつ，証拠共通を認めるとすれば，取扱いに矛盾が生じているようにも思われますが，この点については，152条２項が，「裁判所は，当事者を異にする事件について口頭弁論の併合を命じた場合において，その前に尋問をした証人について，尋問の機会がなかった当事者が尋問の申出をしたときは，その尋問をしなければならない。」と規定しており，これが，共同訴訟人間の証拠共通を前提としている（一方で，主張共通を前提とするとみられる規定はない。）と解されること，主張共通を認めると弁論主義と抵触することは明らかであるのに対し，証拠共通は，自由心証主義の問題と整理できなくもないこと，などから正当化することは可能でしょう。

(2) 本問へのあてはめ

本問でも，⑪⑫Ｘ１の証言は，Ｘ２との関係でも証拠資料となります。

## ■ 答案構成

第１　小問(1)について

　１　Ｘ１の陳述について

　　裁判上の自白とは，口頭弁論又は争点整理手続期日において，相手方が主張する自己に不利益な事実を争わない旨の，当事者の弁論としての陳述

　　↓

　　あてはめ

　２　Ｘ１の証言について

　　当事者の弁論としての陳述ではない

　　↓

　　裁判上の自白には当たらない

第２　小問(2)について

　１　Ｘ１の陳述について

　　通常共同訴訟→共同訴訟人独立の原則

　　当然の補助参加の理論→否定

　　↓

　　主張共通→否定

　　Ｘ２には，影響を及ぼさない

　２　Ｘ１の証言について

　　共同訴訟人独立の原則

　　証拠共通→肯定

　　主張共通について否定し，証拠共通について肯定することが矛盾しないことの説明

　　Ｘ１の証言は，Ｘ２との関係でも証拠資料となる

## ■解答例

第1　小問(1)について

1　Ｘ１の陳述について

　Ｙは，事故当時，Ｘらは赤信号を無視して横断していたと主張しているところ，Ｘ１は，これを認める旨の陳述をしているから，裁判上の自白が成立する可能性がある。

　裁判上の自白とは，口頭弁論又は争点整理手続期日において，相手方が主張する自己に不利益な事実を争わない旨の，当事者の弁論としての陳述をいう。

　このうち，「自己に不利益な」とは，基準の明確性の観点から，相手方が証明責任を負っていることを意味すると解すべきである。

　では，Ｘ１の上記陳述は，裁判上の自白に当たるか。

　まず，Ｘ１の陳述は，口頭弁論における，当事者の弁論としての陳述に当たる。

　次に，Ｙの主張は，過失相殺の抗弁（民法722条２項）をいうものである。これは，損害額を減額させるものとして，被告が立証責任を負う。そして，過失のような規範的要件の場合には，それを構成する個々の具体的事実（評価根拠事実・評価障害事実）に当事者の攻撃防御が集中するから，当事者に対する不意打ち防止という弁論主義の機能を全うすべく，それらの事実が主要事実となると解すべきである。

　したがって，Ｘ１の上記陳述は，相手方が証明責任を負っている事実を争わない旨の陳述に当たる。

　以上から，裁判上の自白が成立する。

　そして，これは主要事実についての自白であるから，不要証効（179条）だけでなく，裁判所拘束力及び当事者拘束力も発生する。

2　Ｘ１の証言について

　Ｘ１は，当事者尋問においても，同様の証言を行っているが，これは，裁判上の自白には当たらない。

　証拠調べ手続である当事者尋問において供述したとしても，当事者の弁論としての陳述には当たらないからである。

　したがって，これは，赤信号を無視して横断していたという事実を認定するための一証拠資料となるにとどまる。

第2　小問(2)について

1　Ｘ１の陳述について

　この訴訟は，通常共同訴訟になる（38条前段第２文）ため，共同訴訟人独立の原則（39条）がはたらき，Ｘ１の陳述については，Ｘ２（Ｙ間の訴訟関係）に影響を与えないのが原則である。

　しかし，Ｘ１は，口頭弁論において，Ｘらが交差点を横断した際，信号は青だったと陳述しているところ，これは過失を基礎付ける事実（評価根拠事実）と両立しない（矛盾する）事実であるから，否認（積極否認）になる。そうすると，こ

（欄外注記）
←小問(1)について
←Ｘ１の陳述について
←裁判上の自白の意義
←「自己に不利益な」
←あてはめ
←立証責任や弁論主義の適用範囲については，バランスを失しない程度に論じました
←ここも，裁判所拘束力や当事者拘束力についての論述を大展開しないように注意しました
←Ｘ１の証言について
←Ｘ１の陳述について
←共同訴訟人独立の原則

れは，Ｘ２にとっても有利な主張であって，Ｘ２も否認したこととして取り扱ってよいのではないか。

この点について，当然の補助参加の理論によってこのような結論を正当化する見解がある。しかし，いかなる関係があるときこのような効果を認めるかに関して明確な基準を欠き，かえって訴訟を混乱させる原因ともなりかねない。また，共同訴訟人が自分の利益を擁護するため他の共同訴訟人に自らの主張の効果を及ぼしたいときは，補助参加の申出や訴訟告知によれば足りるし，自ら他の共同訴訟人の提出した抗弁に基づく訴訟上の利益を受けたいときは，同一の主張をするか当該抗弁を援用すればよい。

したがって，当然の補助参加の理論は認められない。

また，同様に，共同訴訟人間の主張共通を認めることもできない。いかなる事実主張をするかの自由は，弁論主義によって保障されるものであるからである。

よって，Ｘ１の陳述が，Ｘ２にとって有利なものであったとしても，Ｘ２に影響を及ぼすものではない。

2　Ｘ１の証言について

Ｘ１の証言についても，共同訴訟人独立の原則が妥当するから，Ｘ２に影響を与えないのが原則である。

しかし，自由心証主義（247条）の下では，１つの歴史的事実の心証は１つしかあり得ない。また，同原則を採用すれば裁判の矛盾回避に資する。

したがって，共同訴訟人独立の原則の例外を認め，証拠共通については，肯定するべきである。

確かに，上記のように，共同訴訟人間の主張共通を否定しつつ，証拠共通を認めることは矛盾するかのように思える。

しかし，証拠共通は，裁判所の自由心証との関係で正当化することもできるし，また，152条２項は，共同訴訟人間の証拠共通を前提とした規定であると解することもできるから，実定法規定によって正当化することもできる。これに対して，主張共通を正当化する根拠は乏しいと言わざるを得ない。そのため，矛盾は生じないと解することができる。

以上から，Ｘ１の証言は，Ｘ２との関係でも，証拠資料となる。

以　上

←論証
←当然の補助参加の理論
←共同訴訟人の主張共通
←Ｘ１の証言について
←論証
←主張共通を否定し，一方で証拠共通を肯定することに矛盾が生じるのではないかという疑問に答えておきました

## 合格者の問題メモ

Ｘ１とＸ２が交差点を横断しようとしていたところ，Ｙが運転するトラックにはねられ，それぞれが重傷を負った。そこで，Ｘ１とＸ２は，共同でＹに対して不法行為に基づく損害賠償請求の訴えを提起した。

Ｙは，事故当時，Ｘらは赤信号を無視して横断していたと主張した。

以上の事実を前提として，以下の問いに答えなさい。

⑴　Ｘ１は，口頭弁論において，Ｙの主張するとおりである旨を陳述し，また，Ｘ１の当事者尋問でも同様の証言をした。Ｘ１が行ったこの陳述及び証言は，訴訟上どのような意味をもつか。

⑵　Ｘ１は，口頭弁論において，Ｘらが交差点を横断した際，信号は青だったと陳述した。また，Ｘ１は，当事者尋問でも同様の証言をした。

Ｘ１が行ったこの陳述及び証言は，共同訴訟人であるＸ２にとって，訴訟上どのような意味をもつか。

## 合格者の答案構成

1．小問(1)について

(1)、陳述

自白に該当するか

└ 該当するか

└ その効果

(2) 当事者尋問

証拠資料と訴訟資料の(峻別)

2．小問(2)について

(1) 陳述

X1にとっては．自白に該当する．

X2にとっても同様なのか

共同訴訟人間の主張・共通

(2)．証言．

証拠共通の原則

## ● 合格者の答案例

1．小問(1)について
(1) X1が行った陳述は、裁判上の自白に該当し、裁判所及び当事者に対して拘束力を有しないか。
ア 裁判上の自白とは、口頭弁論又は弁論準備手続における相手方の主張と一致する自己に不利益な陳述のことをいう。そして、後述するように、拘束力を有することから自由心証主義との関係上、主要事実に関する陳述に限定されると解する。また、基準の明確性の見地から、「自己に不利益な」とは、相手方が証明責任を負うか否かで判断するべきと解する。
本問においてみるに、過失のような抽象的要件事実の場合には、それを構成する具体的事実に審理が集中するため、かかる事実を主要事実としないと、当事者にとって不意打ちとなる。そこで、過失を基礎付ける具体的事実が主要事実と考えられるため、赤信号を無視したとの事実は主要事実に該当する。そして、過失を基礎付ける事実の証明責任を負っているのは、X1の相手方であるYであるから、X1にとって「自己に不利益な」といえる。よって、X1が行ったYの陳述を認めるという陳述は、裁判上の自白に該当する。
イ．次に、裁判上の自白の効果について検討する。
裁判の基礎となる資料・証拠の収集かつ提出を当事者の権能かつ責任とする弁論主義の下では、当事者が争わない事実については、裁判所は、判決の基礎としなければならない。そして、これによって自白の相手方は有利な地位を得るのだから、自白をした者は、信義則における禁反言の原則から、自白を撤回することは、原則としてできなくなる。もっとも、自白の撤回の制限は、相手方の保護にあることから、相手方の同意がある場合には、撤回することができなくなると考える。また、自白は、正常な意思決定に基づくものであるから、刑事罰すべき行為によって自白がなされた場合、自白内容が真実に反し、かつ錯誤に基づく場合には、撤回できると考える。
ウ．以上のことから、X1が行った陳述は、裁判上の自白に該当し、上記のような裁判所及び当事者に対する拘束力を有する。
(2)．当事者尋問における証言について、裁判上の自白が成立するか。
裁判上の自白が成立するためには、証言が、当事者の主張といえなければならない。しかし、当事者尋問における証言は、証拠資料であって訴訟資料ではないことから当事者の主張といえず、当事者の主張していない事実を判決の基礎とすることはできないという弁論主義の下では、裁判上の自白に該当するとはいえない。
よって、上記証言は、裁判所への心証形成に寄与するという意味を有するにすぎない。
2．小問(2)について
(1)．X1が行った陳述は、X2にとってYの主張に対する否認という訴訟法上の意味を有しないか。
まず、X1が行った陳述はYの主張とは両立しないものであるから否認に該当する。もっとも、X2は、かかる否認をしていないことから、共同訴訟人独立の原則から、かかるX1の主張は意味を有しないとも思える（39条）。もっとも、統一的解決の見地から、共同訴訟人間で主張共通の原則が認められないか。

この点、通常共同訴訟は、本来別個に提起できた訴訟を併合して審理することで、統一的解決を事実上期待する制度に過ぎない。そのため、共同訴訟人間では個別に考えるべきであり、上記のような主張共通の原則は認められない。

よって、X1の陳述は、X2にとって訴訟法上、意味を有しない。

(2). X1が行った証言は、裁判所の心証の寄与に影響するところ、かかる効果は、X2にとっても意味を有するのか。

共同訴訟人独立の原則からすれば、X2にとって意味を有しないとも思える。しかし、統一的解決の見地から共同訴訟人間の証拠共通の原則が認められないか。

確かに、かかる原則を認めることは、当事者が申し出ていない証拠を用いることはできないという弁論主義の見地からすれば、許されないとも思える。しかし、1つの歴史的事実の心証は1つしかない以上、かかる原則を認めないことは不自然である。また、共同訴訟人は、証拠調べに関与していることから、手続保障が害されるわけでもないといえる。よって、共同訴訟人間の証拠共通の原則が認められると解する。

したがって、X1が行った証言は、X2にとっても、裁判所の心証に寄与するという訴訟法上の意味を有する。

以上

# 第18問

①Ｘ１，Ｘ２，Ｘ３はいずれもＡ社の株主であるが，取締役ＹがＡ社の一部の大口顧客に対して証券取引等に関して生じた損失を違法に補填したことにより，Ａ社は多大な損害を受けたとして，Ｙを相手取りＡ社への損害賠償を求める株主代表訴訟を提起した。第一審ではＸらが敗訴した。

②Ｘ１，Ｘ２のみが控訴を申し立てたところ，控訴審裁判所はＸ１，Ｘ２のみを控訴人として表示し，第一審判決とほぼ同様の理由により，控訴を棄却する判決を下した。

③以上の事案における訴訟法上の問題点について論ぜよ。

## 出題論点

・類似必要的共同訴訟における一人の上訴の他の者への効果……………………… B

## 問題処理のポイント

本問は，類似必要的共同訴訟における１人の上訴の他の者への効果に関する理解を問う問題です。最判平12.7.7【百選101】を素材としています（以下「素材判例」といいます。）。

このタイプの問題では，まず，当該訴訟がどのような訴訟形態をとるのかという点を明らかにしましょう。答練や模擬試験で出題すると，類似必要的共同訴訟となることをさも当然であるかのように論じる答案がありますが，議論があるところですので，しっかりと解釈を示すべきです。

また，複雑訴訟において１人の者が上訴した場合，他の者にどのような効果が及ぶのかという点は非常に重要な視点です。本問だけでなく，通常共同訴訟の場合はどうか，同時審判申出訴訟の場合はどうか，固有必要的共同訴訟の場合はどうか，独立当事者参加の場合はどうか（この点については第19問参照），など横断的な学習をしてみると，理解が深まるでしょう。

なお，本問のように，会社法の知識が必要となる問題は，司法試験において大大問（民事系科目２科目の融合問題）が廃止されたこととの関係で，出題されにくくはなっていますが，とはいえ素材判例のように百選掲載判例もあるところですので，準備は怠らないようにしておいた方がよいでしょう。

## ■答案作成の過程

### 1　株主代表訴訟の訴訟形態

②本問では，Ｘ１・Ｘ２が控訴を申し立てており，Ｘ３は控訴を申し立てていません。控訴審判決は，Ｘ１・Ｘ２のみが控訴していることから，彼らのみを控訴人として表示していますが，仮に，上訴していないＸ３も上訴人の地位に就くのであれば，このような判決は，違法であることになります（独立当事者訴訟参加の事案について，最判昭43.4.12参照）。

つまり，③Ｘ３がどのような地位に置かれるのか，さらに具体的にいえば上訴人の地位に就くのかという点が本問で問われている問題です。

もっとも，この問題を解決するためには，前提として①株主代表訴訟の訴訟形態について明らかにしておかなければなりません。

この点について，素材判例は，次のように述べ，株主代表訴訟が類似必要的共同訴訟となることを明らかにしています。

「商法267条（注：現会社法847条）に規定する株主代表訴訟は，株主が会社に代位して，取締役の会社に対する責任を追及する訴えを提起するものであって，その判決の効力は会社に対しても及び（民訴法115条１項２号），その結果他の株主もその効力を争うことができなくなるという関係にあり，複数の株主の追行する株主代表訴訟は，いわゆる類似必要的共同訴訟と解するのが相当である」。

この説示のうち，「その判決の効力は会社に対しても及び（民訴法115条１項２号），その結果他の株主もその効力を争うことができなくなるという関係にあり」の部分については，対世効が及ぶわけではないものの，既判力が被代位者（被担当者）に及ぶ結果，他の者も反射的に判決の効力を受けることになることをいうものであると解されます。

### 2　類似必要的共同訴訟における１人の上訴の他の者への効果

**1**　判決確定遮断効，移審効

次に，問題となるのは，②Ｘ１・Ｘ２が上訴をしたことによって，全員に対する関係で，判決の確定が遮断され，訴訟全体が上訴審に移審することになるのか否かです。

素材判例は，次のように述べ，上訴をしなかった者にも，判決確定遮断効，移審効が及ぶと判示しています。

「類似必要的共同訴訟において共同訴訟人の一部の者が上訴すれば，それによって原判決の確定が妨げられ，当該訴訟は全体として上訴審に移審し，上訴審の判決の効力は上訴をしなかった共同訴訟人にも及ぶと解される」。

**2**　上訴しなかった者の地位

では，上訴をしなかった者（Ｘ３）は，Ｘ１・Ｘ２と同じく，上訴人の地位に就くのでしょうか。

一般に，必要的共同訴訟の場合には，共同訴訟人全員が上訴人の地位に就くと解されてきました（固有必要的共同訴訟について最判昭38.3.12，類似必要的共同訴訟について最判昭58.4.1，もっとも，後者は後掲最大判平9.4.2によって判例変更されています。）。

しかし，素材判例は，次のように述べ，上訴をしなかった者は，上訴人の地位に就くわけではないと判示しました。

「取締役の会社に対する責任を追及する株主代表訴訟においては，既に訴訟を追行する意思を失った者に対し，その意思に反してまで上訴人の地位に就くことを求めることは相当でないし，複数の株主によって株主代表訴訟が追行されている場合であっても，株主各人の個別的な利益が直接問題となっているものではないから，提訴後に共同訴訟人たる株主の数が減少しても，その審判の範囲，審理の態様，判決の効力等には影響がない。そうすると，株主代表訴訟については，自ら上訴をしなかった共同訴訟人を上訴人の地位に就かせる効力までが民訴法40条１項によって生ずると解するのは相当でなく，自ら上訴をしなかった共同訴訟人たる株主は，上訴人にはならないものと解すべきである」。

しかし，このように考えると，Ｘ３がどのような地位に立つのか明らかではありません。特に，上訴人の地位には就かないものの，上記のように，上訴審の判決の効力は受けるわけですから，ある種の矛盾が生じているようにも感じられます。

素材判例は，この点について何も論じていませんが，学説上は，上訴者は，上訴しない他の共同訴訟人の請求部分についても，「緩和された形式での選定当事者」（上訴しなかった者の訴訟担当者）となるなどと主張されています。

**3**　本問へのあてはめ

素材判例の立場に従えば，③Ｘ１，Ｘ２のみを控訴人として表示し，控訴を棄却するとした控訴審の処理については，特に違法は認められないということになります。

## 3　他の類似必要的共同訴訟の場合

本問と直接の関係はありませんが，他の類似必要的共同訴訟の場合でも同様に解すべきでしょうか。

まず，住民訴訟については，素材判例と同旨の判例（最大判平9.4.2，以下「平成９年判決」といいます。）がありますので，同様に処理されることになります。

もっとも，その理由付けには注意が必要です。素材判例は，上記のように，「取締役の会社に対する責任を追及する株主代表訴訟においては，既に訴訟を追行する意思を失った者に対し，その意思に反してまで上訴人の地位に就くことを求めることは相当でないし，複数の株主によって株主代表訴訟が追行されている場合であっても，株主各人の個別的な利益が直接問題となっているものではないから，提訴後に共同訴訟人たる株主の数が減少しても，その審判の範囲，審理の態様，判決の効力等には影響がない」ことを理由として，上訴をしなかった者は上訴人の地位に就かないと解していました。

平成９年判決も，住民訴訟が「普通地方公共団体の財務行政の適正な運営を確保して住民全体の利益を守るために，当該普通地方公共団体の構成員である住民に対し，いわば公益の代表者として同条１項各号所定の訴えを提起する権能を与えたものであ」ることを前提として，「公益の代表者となる意思を失った者に対し，その意思に反してまで上訴人の地位に就き続けることを求めることは，相当でないだけでなく，住民訴訟においては，複数の住民によって提訴された場合であっても，公益の代表者としての共同訴訟人らにより同一の違法な財務会計上の行為又は怠る事実の予防又は是正を求める公益上の請求がされているのであり，元来提訴者各人が自己の個別的な利益を有しているものではないから，提訴後に共同訴訟人の数が減少しても，その審判の範囲，審理の態様，判決の効力等には何ら影響がない」ことを理由として，上記の結論を導き出しています。

そのため，これらの判例とは異なり，「個別的な利益が直接問題となっている」事案については，別に解する余地があります。

現に，類似必要的共同訴訟であると解される数人の提起する養子縁組無効訴訟について，共同原告の１人の上訴で他の共同原告も上訴人となることを前提とする判例も現れています（最決平23.2.17）。

上訴をしなかった者が，上訴人の地位に就かないとする処理は，類似必要的共同訴訟たる性質一般に由来するものでなく，個別具体的な訴訟の性質に由来するものであると考えられるので，どのような処理をすべきかは，事案ごとに判断していくほかはありません。

## ■ 答案構成

1　控訴審は，Ｘ１，Ｘ２のみを控訴人として判決をなしている
2　株主代表訴訟は類似必要的共同訴訟となる

Ｘ３も控訴人の地位に立つとすると，控訴審判決は違法となる

3　一部の共同訴訟人のみが上訴した場合に上訴を申し立てなかった共同訴訟人は上訴人の地位に立つか

⑴　確定遮断効，移審効は及ぶ

⑵　非上訴人説

⑶　判決は適法

## 解答例

1　本問控訴審裁判所は，控訴していないＸ３を含めた第一審原告ら全員を名宛人とせず，Ｘ１，Ｘ２のみを控訴人として判決をなしている。

2　まず，株主代表訴訟は，以下のとおり類似必要的共同訴訟であると解される。

←株主代表訴訟が類似必要的共同訴訟となる旨の指摘

株主代表訴訟は，一定の要件を満たす株主であれば誰でも単独で提起できる訴訟であり（会社法847条），この点で，固有必要的共同訴訟とはいえない。

一方で，株主代表訴訟は法定訴訟担当の一つと考えられるため，判決の効力は会社に及び（115条１項２号），会社を起点として反射的に全ての株主に判決効が拡張される。この判決効が拡張される点で合一確定が要請されるから，株主代表訴訟は類似必要的共同訴訟といい得る。

そうすると，仮に，Ｘ３も控訴人の地位に就くと解すると，合一確定の要請（40条）から，当事者の一部に関する判決をすることは許されず，Ｘ１，Ｘ２のみを控訴人として判決をなすことは違法であることになる。

3　では，株主代表訴訟において，一部の共同訴訟人のみが上訴した場合に上訴を申し立てなかった共同訴訟人は上訴人の地位に立つか。

←論証

←確定遮断効，移審効

(1)　確かに，類似必要的共同訴訟においては，判決の合一確定の要請から，審理過程において共同訴訟人の一人のなした訴訟行為は有利な場合にのみ，他の共同訴訟人に及ぶとされている（40条１項）。また，合一確定のためには，共同訴訟人の一部の者が上訴すれば，原判決の確定は防止され，訴訟は全体として上訴審に移行し，判決の効力は上訴しなかった共同訴訟人にも及ぶと考える必要がある。もし，上訴につき共同訴訟人ごとに判断するということになると，上訴しなかった一部の共同訴訟人については判決が確定することになり，判決の効力は当然，上訴した共同訴訟人に及び，それらの者はもはや訴訟を続行できなくなってしまうからである。

(2)　しかし，判決が確定することを防止するために，上訴しなかった共同訴訟人を上訴人として取り扱う必要性はない。

←上訴しなかった者の地位

既に訴訟を追行する意思を失った者に対し，その意思に反してまで上訴人の地位に就くことを求めることは相当でない。また，複数の株主によって株主代表訴訟が追行されている場合であっても，株主各人の個別的な利益が直接問題となっているものではないから，提訴後に共同訴訟人たる株主の数が減少しても，その審判の範囲，審理の態様，判決の効力等には影響がない。

よって，株主代表訴訟において共同訴訟人の一部の者が上訴した場合，上訴しなかった共同訴訟人は上訴人にはならないと解する。

理論的には，この場合，上訴した者が上訴しなかった者のための担当者（明文なき任意的訴訟担当あるいは選定当事者（30条））となると構成すれば足りる。

(3) 以上から，本問のＸ３は控訴人ではなく，控訴審判決に違法はない。

以　上

←この点については，学説を参考にしました

## ● 合格者の問題メモ

Ｘ１，Ｘ２，Ｘ３はいずれもＡ社の株主であるが，取締役ＹがＡ社の一部の大口顧客に対して証券取引等に関して生じた損失を違法に補填したことにより，Ａ社は多大な損害を受けたとして，Ｙを相手取りＡ社への損害賠償を求める株主代表訴訟を提起した。第一審ではＸらが敗訴した。

Ｘ１，Ｘ２のみが控訴を申し立てたところ，控訴審裁判所はＸ１，Ｘ２のみを控訴人として表示し，第一審判決とほぼ同様の理由により，控訴を棄却する判決を下した。

以上の事案における訴訟法上の問題点について論ぜよ。

## ● 合格者の答案構成

1、類似必要的共同訴訟に当たり、控訴人をX1、X2、X3とすべきではないか。

(1) 類似必要的に当たるのか。

(2) 当たるとして、X1〜X3とすべきか。

## 合格者の答案例

類似必要的共同訴訟に当たり、合一確定の要請が働くことを理由に、控訴人をX1、X2、X3とすべきではないか。

1. 類似必要的共同訴訟に該当するか。

類似必要的共同訴訟とは、訴えの提起自体は単独で可能であるが、訴えが複数生じた場合には、合一確定の要請が働く訴えのことをいうと解する。そして、統一的紛争解決の見地から、合一確定の要請が働く場合とは、判決の既判力が他の者にも及ぶ場合のことをいうと解する。

株主代表訴訟は、会社の代わりに訴訟を行うものであるから、会社ひいてはその株主にまで既判力の効力が及ぶ(115条1項2号)。そのため、判決の既判力が他の者にも及ぶといえ、合一確定の要請が働くといえる。

よって、類似必要的共同訴訟に該当する。

2. 類似必要的共同訴訟に当たるとして、控訴人をX1、X2、X3とすべきではないか。

確かに、控訴は一般に敗訴した者にとっては、利益となる行為であるから、共同訴訟人全員に対して、効力を有するとも思え、その結果、X1、X2、X3を控訴人とすべきとも思える(40条1項)。

しかし、争う意思がない者を控訴人とすることは、妥当とはいえない。また、控訴人になると、単独で訴えを取り下げることもできず、加えて、敗訴した場合には控訴費用を負担することになり、妥当ではない。よって、控訴人をX1、X2とした裁判所の措置は適法といえる。

以上

45
46
47
48
49
50
51
52
53
54
55
56
57
58
59
60
61
62
63
64
65
66

67
68
69
70
71
72
73
74
75
76
77
78
79
80
81
82
83
84
85
86
87
88

# 第19問

①Xは，Yに対し，甲土地の所有権確認の訴えを提起した。この訴訟の第一審係属中，②Zは，甲土地は自己の所有する不動産であると主張して，XとYに対して甲土地が自己の所有であることの確認を求めて独立当事者参加を申し立てた。

次の各問いについて答えよ。なお，各問いは，独立した問いである。

1　③Zの申立ては認められるか。

2　④Zの申立てが認められ，第一審ではXのYに対する請求を棄却し，ZのX及びYに対する各請求を認容する判決が下されたが，この判決に対してYのみが控訴した。⑤控訴裁判所が，甲土地はYの所有に属するとの心証を抱いた場合，控訴裁判所はどのような判決を下すべきか。

⑥なお，Xは，附帯控訴もしていないものとする。



## ■出題論点

・独立当事者参加の要件 …… A
・独立当事者参加における敗訴当事者の一部の者による上訴 …… B

## ■問題処理のポイント

本問は，独立当事者参加に関する理解を問う問題です。

独立当事者参加には，権利主張参加と詐害防止参加の２形態がありますが，それぞれの要件とそのあてはめが重要となります。特に，試験で問われることが多いのは前者で，要件の解釈そのものはそこまで争いがないものの，具体的な事例におけるあてはめでは，議論が分かれるところです（例えば，不動産の二重譲渡事例など）。

一部の者が上訴した場合の他の者への効果については，不利益変更禁止の原則との抵触関係を中心として議論が入り組んでいるところです。論理の流れは，「答案作成の過程」や解答例を参照してほしいのですが，判例のいう「合一確定のため必要な限度」というキーワードを落とさないようにしましょう。また，本問のように，所有権確認の訴えであれば比較的そのあてはめは容易なのですが，例えば，債権の二重譲渡の事案では，本当に「合一確定のため必要な限度」といえるのか，慎重に検討しなければならない問題も考えられます（「答案作成の過程」に度々登場する最判昭48.7.20【百選106】も債権譲渡の事案です。）。本問と併せて確認しておいてください。

## ■ 答案作成の過程

### 1 小問１について

本小問では，③Ｚの独立当事者参加の申立てが認められるかが問われていますので，独立当事者の要件を検討する必要があります。

独立当事者参加には，詐害防止参加（47条１項前段）と権利主張参加（同項後段）の２種類があります。

本問では，②Ｚは，甲土地は自己の所有する不動産であると主張して，参加申立てを行っていますので，権利主張参加の要件を検討するのが自然でしょう。

権利主張参加の要件は，「訴訟の目的……が自己の権利であることを主張」することです。これは，一般に，参加人の請求が本訴の請求と論理的に両立し得ない関係にある場合を指すと解されています。

本小問では，②Ｚの請求は甲土地の所有権が自己に帰属することを主張するものであり，民法上の一物一権主義からすれば，Ｚの主張は①ＸＹ間の本訴での所有権確認請求と論理的に両立し得ない関係にあるといえます。

よって，③Ｚの申立ては認められることになります。

なお，詐害防止参加の要件（「訴訟の結果によって権利が害されること」）については学説上議論があります。大きく分けると，第三者に不利な判決効が及ぶ場合に限り詐害防止参加は許されるとする立場（判決効説），原告・被告が詐害的な意思を持って訴訟追行をなし，それによって第三者の権利が害される場合には，判決効拡張の有無にかかわらず，詐害防止参加が許されるとする立場（詐害意思説），参加人の法的地位が当事者間の権利関係の存否を論理的に前提としているため，当事者間の判決の結果の影響を事実上受ける場合をいうとする立場（利害関係説）の３説があります。

本問では，ＸＹ間の訴訟の判決効がＺに及ぶわけではないので判決効説によれば，詐害防止参加を申し立てることはできません。同様に，ＸＹが詐害的な意思をもって訴訟追行をなしているという事情があるわけではありませんので，詐害意思説によっても，詐害防止参加を申し立てることはできません。最後に，利害関係説に立ったとしても，Ｚの所有権とＸＹの所有権は実体法上矛盾するとはいえ，Ｚの法的地位が，ＸＹ間の権利関係の存否（所有権の存否）を論理的な前提としているとはいえないでしょうから，詐害防止参加を申し立てることはできないと解すべきでしょう。

### 2 小問２について

**1**　問題の所在

本小問で，中心的に問題となるのは，⑤控訴審判決の心証によると，ＺのＸに対する請求認容判決部分（＊）を，④⑤Ｚに不利に（Ｘに有利に，ＺのＸに対する請求を棄却に）変更することになりますが，それが，（不）利益変更禁止の原則（296条１項，304条）との関係で許されるのかという点です。④⑥Ｘは控訴も附帯控訴もしていないからです。

ただし，この問題を解決するためには，いくつかの前提問題をクリアしておかなければなりませんので，順を追って検討していくことにしましょう。

**2**　一部の者が上訴（控訴）した場合の移審効，確定遮断効

まず，④Ｙのみが上訴したことによって，上訴されていない＊も，確定が遮断され，上訴審に移審するのかという問題があります。

この点については，最判昭43.4.12が，敗訴した参加人が原告だけを相手方に控訴・上告した事案において，「民訴法71条（筆者注：現47条１項・４項，以下同じ）の当事者参加にもとづく，……訴訟関係にあっては，参加人のなした右控訴，上告は，第一審被告に対しても効力を生じ，第一審被告は，原審及び当審における訴訟当事者となり，本件訴訟は第一審原告，第一審被告，参加人につき，全体として，原審，更に，当審に移審して審理の対象となっている」と説示し，最判昭48.7.20【百選106】（以下「昭和48年判決」といいます。）も，敗訴した原告が被告・参加人を相手方として控訴した事案において，「訴訟の目的が原告，被告および参加人の三者間において合一にのみ確定すべき場合（民訴法71条，62条（注：現40条１項～３項））に当たることが明らかであるから，一審判決中参加人の被告に対する請求を認容した部分は，原告のみの控訴によっても確定を遮断され」ると説示しました。

したがって，本問でも，上記判決部分も，確定が遮断され，上訴審に移審することになります。

**3**　上訴しなかった他方敗訴者（Ｘ）の地位

次に，問題となるのが，上訴しなかった他方敗訴者であるＸの地位です。

仮に，Ｘが上訴人の地位に就くのであれば，＊についても，不服が申し立てられていることになり，これをＺに不利に変更することは，不利益変更禁止の原則との関係で問題を生じないことになります。

しかし，判例は，「民訴法71条による参加のなされた訴訟においては，原告，被告及び参加人の三者間にそれぞれ対立関係が生じ，かつ，その一人の上訴により全当事者につき移審の効果が生ずるものであるところ，かかる三当事者間の訴訟において，そのうちの一当事者が他の二当事者のうちの一当事者のみを相手方として上訴した場合には，この上訴の提起は同法62条２項（筆者注：現40条２項）の準用により残る一当事者に対しても効力を生じ，この当事者は被上訴人としての地位に立つものと解するのを相当とする。」として，上訴しなかった他方敗訴者は，被上訴人の地位に就くと解しています（最判昭50.3.13）。

したがって，不利益変更禁止の原則との抵触は避けられません。

なお，昭和48年判決は，この点に触れることなく，**4**でみるように，直ちに不

利益変更禁止の原則との関係について論じています。また，学説上，この者の地位を上訴人とするのか，被上訴人とするかで結論が異なるという処理はあまりに形式的であるとの指摘があります。

解答例では，上訴人の地位に就くと解することができるのか，という点も論じていますが，昭和48年判決の説示の仕方や，上記のような学説の指摘を踏まえれば，割愛してしまってもよいのかもしれません。

**4** 不利益変更禁止の原則との関係

では，判例は，不利益変更禁止の原則との関係をどのように考えているのでしょうか。

この点について，昭和48年判決は，次のように説示し，＊を変更することは，同原則との関係で違法とはならないという理解を示しました。

「控訴審においては，被告の控訴または附帯控訴の有無にかかわらず，合一確定のため必要な限度で一審判決中前記部分（注：参加人の被告に対する請求を認容した部分）を参加人に不利に変更することができると解するのが相当である」。

この処理の仕方は，前掲最判昭50.3.13にも受け継がれています。

これは，不利益変更禁止原則の基礎とされる処分権主義に対して，独立当事者参加の制度趣旨である合一確定の要請の優先を認めたものと評価されています。

**5** 本問へのあてはめ

本問でも，実体法上の一物一権主義の観点から，＊をＺに不利に変更することは，「合一確定のため必要な限度」であるといえるため，許容されることになります。

⑤控訴審裁判所は，第一審判決を取り消し，ＺのＸ及びＹに対する請求を棄却する判決を下すべきであるという結論になります。

■ 答案構成

第1　小問1について

1　Zの申立ては権利主張参加

↓

2「訴訟の目的……が自己の権利であることを主張」（47Ⅰ後段）することの意義

→参加人の請求が本訴の請求と論理的に両立し得ない関係にあること

↓

3　あてはめ

第2　小問2について

1　控訴裁判所は心証どおりに，ZのYに対する請求だけでなく，Xに対する請求も棄却に変更し得るか

↓

独立当事者参加における敗訴当事者の一部の者による上訴

↓

2　確定遮断効及び移審効は全請求について生じる

↓

3(1)　不利益変更禁止の原則に抵触しないか

↓

(2)　被上訴人説

↓

(3)　合一確定の要請による修正

↓

(4)　控訴審裁判所は心証どおりの判決を下すべき

## □解答例

第1　小問1について

1　独立当事者参加の形態には詐害防止参加（47条1項前段）と権利主張参加（同条後段）の形態があるところ，Ｚは甲土地の所有権が自己に属することを主張しているため，後者の形態による参加を申し立てているものといえる。

では，「訴訟の目的……が自己の権利であることを主張」するものであるか，その意義が問題となる。

2　実体法上それぞれ別個の権利であれば，独立当事者参加において相互に牽制し合う必要性が認められないし，その場合，他の方法によれば足りる。また，独立当事者参加には，必要的共同訴訟の規律が準用される（47条4項，40条）ことからも，そのように解すべきである。

そこで，「訴訟の目的……が自己の権利であることを主張」する場合とは，参加人の請求が本訴の請求と論理的に両立し得ない関係にあることが必要であると解する。

3　本問では，Ｚの請求は甲土地の所有権を主張するものであり，一物一権主義から，Ｚの主張はＸＹ間の本訴での所有権確認請求と論理的に両立し得ない関係にある。

したがって，「訴訟の目的……が自己の権利であることを主張」するものであるといえ，Ｚの申立ては認められる。

第2　小問2について

1　控訴裁判所は，控訴したＹに関しては，心証どおりにＺのＹに対する請求を棄却し得る。では，控訴及び附帯控訴もしていないＸに対するＺの請求認容判決部分も心証どおりに棄却に変更し得るか。

2　まず，独立当事者参加訴訟は，三者間の紛争を矛盾なく一気に解決する三面訴訟の形態であり，合一確定の要請から，一人の上訴によっても全請求の確定が遮断され，上訴審に移審すると考える（47条4項，40条）。

よって，Ｙの控訴によりＺのＸに対する請求も移審する。

3(1)　もっとも，ＺのＸに対する請求が移審するとしても，控訴裁判所は，控訴も附帯控訴もしていないＸに有利に（Ｚに不利に）判決を変更し，ＺのＸに対する請求を棄却することはできないように思われる。自ら控訴していないＸに有利に判決を変更することは(不)利益変更禁止の原則(296条1項，304条）に反するとみるのが自然だからである。

しかし，自ら控訴も附帯控訴もしていないＸについても，Ｙの控訴により，控訴人としての地位に就くことが考えられる。このように解せば，Ｘも控訴をしていることとなり，上記のような問題は生じない。

そこで，自ら控訴していない者の地位をいかに解するか，問題となる。

(2)　この点について，40条1項を準用して控訴していない敗訴当事者を控訴人と扱い，控訴していない敗訴当事者に対

---

←小問1について

←Ｚの申立てが権利主張参加であることの指摘

←論証

←権利主張参加の要件を満たすため，詐害防止参加の可能性については触れませんでした

←小問2について

←問題の所在の指摘

←論証

←確定遮断効，移審効

←論証

←Ｘの地位

する請求も当然に審判の範囲に含まれるとする見解がある。しかし，主体的に争う意思のない者を控訴人と扱うのはその者の通常の意思に反する。

三当事者が互いに対立し合う独立当事者参加においては，両敗訴当事者を共同訴訟人のように解釈するのは妥当でなく，対立当事者とみなすべきである。

したがって，40条2項を準用し，控訴していない敗訴当事者は被控訴人と扱うべきであると解する。

(3) そうすると，控訴していない敗訴当事者たるXは被控訴人と扱うことになる。そのため，ZのXに対する請求については審判の範囲に含まれず，やはり（不）利益変更禁止の原則によって，Xに有利な変更はできないとも思われる。

←不利益変更禁止原則と合一確定の要請の関係

しかし，これでは三者間の紛争の統一的解決を図るという独立当事者参加訴訟の趣旨が没却され妥当でない。

←論証

独立当事者参加制度は，合一確定の要請の下，通常とは異なる三面訴訟の形態をとったものである。そうだとすれば，上訴審での審判範囲の原則は，このような合一確定の要請の前に一部修正されるとみるのが妥当であると解する。

よって，合一確定に必要な限度において審判することは（不）利益変更禁止の原則に反しないと解する。

(4) 本問においても，合一確定のため，Xに有利に判決を変更することは，上記原則には反しない。

そして，控訴裁判所は甲土地はYの所有に属すると判断しているのであるから，実体法上の一物一権主義の観点から，合一確定のために，Xに対するZの請求認容判決部分を，Xに有利に変更する（棄却に変更する）ことが必要であるといえる。

したがって，控訴審裁判所は，第一審判決を取り消し，ZのX及びYに対する請求を棄却する判決を下すべきである。

以　上

## ●合格者の問題メモ

Xは，Yに対し，甲土地の所有権確認の訴えを提起した。この訴訟の第一審係属中，Zは，甲土地は自己の所有する不動産であると主張して，XとYに対して甲土地が自己の所有であることの確認を求めて独立当事者参加を申し立てた。

次の各問いについて答えよ。なお，各問いは，独立した問いである。

1　Zの申立ては認められるか。

2　Zの申立てが認められ，第一審ではXのYに対する請求を棄却し，ZのX及びYに対する各請求を認容する判決が下されたが，この判決に対してYのみが控訴した。控訴裁判所が，甲土地はYの所有に属するとの心証を抱いた場合，控訴裁判所はどのような判決を下すべきか。

なお，Xは，附帯控訴もしていないものとする。

## ●合格者の答案構成

第1　設1

47Ⅰ後

(1)「訴訟の目的〜主張」

通説 → 請求の趣旨非両立

(2) あてはめ　X 206 / Z 206 → 非両立

(3) OK

第2　設2

① X →(×) Y 控訴；Z →(○) X，Z →(○) Y　→　② X →(×) Y；Z →(×) X，Z →(×) Y

(1) 1人上訴 → 合一確定（47Ⅳ，40）

(2) 非上訴人地位

→ 不利益変更？

→ 合一確定に必要な限度

(3) OK

## 合格者の答案例

第1　設問1

1　Zの申出では、独立当事者参加のうち権利主張参加（民事訴訟法（以下法名省略）47条1項後段）であると解される。

2　では、「訴訟の目的の全部若しくは一部が自己の権利であることを主張する」といえるか。

(1)　権利主張参加の趣旨は、独立当事者間において互いに牽制し合って真実発見に資する点にある。よって、「訴訟の目的が自己の権利であることを主張」とは、参加人の請求が本訴請求と請求の趣旨レベルで非両立の場合を意味すると解する。

(2)　本件で、参加人Zの請求の趣旨は、「Zが甲土地の所有権を有することを確認する」であり、本訴請求は、「Xが甲土地の所有権を有することを確認する」となる。民法上の一物一権主義からすれば、ZとXの請求は請求の趣旨レベルで非両立の関係にある。

(3)　したがって、「訴訟の目的…が自己の権利であることを主張」する場合といえ、権利主張参加の要件をみたす。

3　以上より、Zの申出は認められる。

第2　設問2

1　まず、本件ではYのみが控訴しているため、合一確定の要請により（47条4項，40条）、全請求が上訴審に移審する。
そこで、上訴審では不服の限度でしか審判できない（296条1項，304条）のに、上訴していない二者間の訴訟について審判してよいのかが問題となる。

(1)　まず、上訴しなかった3人目の地位をいかにみるべきか。
　この点、敗訴者のうちの1人が上訴した場合他の敗訴者にとっても有利であるから上訴の効果がそのまま及ぶとも思える（40条1項準用）。もっとも、3人目の者は、上訴人とは相争う関係にあるから、上訴人との関係では被上訴人とみるべきである（40条2項準用）。

(2)　そうすると、裁判所が上訴人の請求を認めた場合、3人目の主張も一部認められる（本件ではXZ間におけるXの主張）ことから、これは不利益変更禁止の原則に反しないか。
　独立当事者参加制度は、合一確定の要請の下、通常とは異なる三面訴訟の形態をとったものである（47条4項，40条）。よって、上訴審での審判範囲の原則は、このような合一確定の要請の前に一部修正されるとみるのが妥当である。
　よって、合一確定に必要な限度において不利益変更禁止の原則に反しない。

(3)　以上より、上訴していないXZ間の訴訟について審判することは許される。

2　そして、控訴裁判所は本件において、甲土地がYの所有に属するとの心証を抱いているから、合一確定に必要な限度でその心証通り審判すべきである。すなわち、第一審判決を維持し、XのYに対する請求を棄却し、ZのX及びYに対する請求を棄却する判決を下すべきである。

以上

# Ⅲ　上訴・再審

# 第20問

Xは，Aの相続人であるが，Aは，生前，Yに対して，600万円の貸金返還請求権を有していた。Aの相続人には，Xのほかにも２名いたため，Xは，Yを被告として，法定相続分である３分の１に相当する200万円の支払を求める訴えを提起した。

①その後，Aの相続人のうちの１名が相続放棄をしたため，Xの相続分は300万円になり，Xもそのことを認識していたが，請求の拡張をすることや200万円が債権の一部であることの主張を失念していた。この訴訟において，②Yは主位的に弁済の抗弁を，予備的に消滅時効の抗弁を主張している。

以上の事実関係を前提として，以下の各小問について解答しなさい。各小問は，それぞれ独立した問いである。

(1) ③受訴裁判所は，Yによる消滅時効の抗弁を認め，請求棄却判決を下した。これに対して，④Yは，弁済の抗弁が認められるべきであると主張して，控訴を提起することができるかについて，論じなさい。

(2) ⑤受訴裁判所は，Yの抗弁を排斥し，Xの請求を全額認容する旨の判決を下した。これに対して，⑥Xは，300万円の支払を求めて，控訴することができるか。

(3) 証拠調べの結果，Yは，上記各抗弁が認められる可能性が少ないと判断し，⑦YがXに対して有する200万円の債権を用いて，対当額で相殺する旨の抗弁を提出した。⑧受訴裁判所は，弁済の抗弁・消滅時効の抗弁を排斥しつつ，X及びYの債権がいずれも認められるとして，相殺の抗弁を容れ，請求棄却判決を下した。これに対して，⑨Yは，控訴を提起することができるかについて，論じなさい。

## 出題論点

・上訴の利益（控訴の利益）……………………………………… **A**

## 問題処理のポイント

本問は，上訴の利益（控訴の利益）に関する理解を問う問題です。名古屋高金沢支判平元.1.30【百選Ａ37】を素材としています（以下「素材判例」といいます。）。

上訴の利益については，基準の明確性と共に，判決効によって別訴で救済を受けられなくなることについての不利益をどのように考えるのかという点がポイントになります。

本問も，この点を意識しながら検討できるとよいでしょう。

## ■ 答案作成の過程

### 1 控訴の利益の判断基準

本問は，すべての小問において，④⑥⑨控訴の可否が問われていますので，控訴の要件を検討することになります。

ここで，必ず検討しておかなければならないのが，控訴の利益（上訴の利益）です。

逆に，他の要件については，問題文の事情から明らかではないので，検討しなくても足りることが多く，本問についても同様です。

控訴の利益の有無の判断基準については，形式的不服説，実体的不服説，新実体的不服説等の対立がありますが，形式的不服説に立つのが判例です（最判昭31.4.3【百選110】）。

この立場に立った場合には，全部敗訴した当事者又は一部敗訴した当事者には控訴の利益が認められるのに対して，全部勝訴した当事者が判決理由中の判断とは別の理由による勝訴判決を求めて控訴を提起したとしても，控訴の利益は認められないことになります。

ただし，形式的不服説も例外を認めています。

第1に，予備的な相殺の抗弁によって全部棄却判決を得た被告には，控訴の利益が認められると解されています。確かに，判決理由中の判断とは別の理由による勝訴判決を求めて控訴を提起する場合ではあるのですが，相殺の抗弁には理由中の判断であっても，相殺に供した反対債権の不存在に既判力が生じ（114条2項），後訴で争うことができなくなるからです。

第2に，黙示の一部請求が全部認容された原告には，控訴の利益が認められると解されています（素材判例がこのことを認めています。）。いわゆる一部請求論において明示説をとる判例の立場（最判昭37.8.10）に立つと（一部請求論については，第5問で扱っています。），明示がない場合には，債権全体が訴訟物となり，残部にも既判力が生じてしまう結果，後訴で争うことができなくなってしまうからです（最判昭32.6.7【百選81】参照）。

このように，形式的不服説の立場から例外を認めていくと，控訴人が判決効によって別訴での救済を受けられなくなる場合に控訴の利益が認められるとする新実体的不服説と結論において差はなくなってくるとの指摘がなされています。

### 2 各小問の検討

**1** 小問(1)について

本小問では，受訴裁判所が，③Yによる消滅時効の抗弁を認め，請求棄却判決を下したのに対して，Ｙは，②④弁済の抗弁が認められるべきであると主張して，控訴を提起することができるかが問われています。

これは，正に，全部勝訴した当事者が判決理由中の判断とは別の理由による勝訴判決を求めて控訴を提起する場合に当たりますので，形式的不服説に立つ限り，控訴の利益は認められません。

したがって，④Ｙは控訴を提起することができません。

**2** 小問(2)について

本小問では，⑤受訴裁判所が，Ｙの抗弁を排斥し，Ｘの請求を全額認容する旨の判決を下したのに対して，⑥Ｘは300万円の支払を求めて，控訴することができるかが問われています。

形式的不服説に立つ限り，原則として，全部勝訴しているＸに控訴の利益は認められないことになります。

しかし，本問では，Ｘは，①「請求の拡張をすることや200万円が債権の一部であることの主張を失念していた」という事情がありますので，明示がなされていません。

そのため，これは上記例外の２つ目のパターンに当たり，例外的に控訴の利益が認められるということになるでしょう。

もっとも，Ｘは，①請求の拡張や一部請求であることの明示を失念していたわけですから，Ｘには，過失があると考えられます。そのような場合でも例外を認めていいのか，と疑問に思った方もいるかもしれません。

この点については，学説上議論があります。

確かに，無過失の場合にのみ請求拡張のための控訴を認めるべきであるとする立場もあります。

しかし，素材判例は，次のように述べ，単に過失がある場合には，例外を許容できないわけではないと解しています。

「攻撃防禦方法は，別段の規定ある場合を除き，口頭弁論の終結に至るまで提出することができ，訴えの変更についても同様であって，控訴審においても許されていること，もっとも訴訟手続を著しく遅延せしむべき場合は訴えの変更は許されないが，訴えの変更の許否は，訴訟手続を遅滞せしめるか否かにかかっており，原審において変更できたのにしなかったことに過失があるか否かを基準としてはいないこと，攻撃防禦方法の提出の制限についても『故意又は重大な過失』を要件としており，単なる過失は含まれないこと，控訴人が原審で請求拡張ができるのにそれを失念していたというのは，単なる過失であって重大な過失でなく，控訴人の請求拡張のための控訴の利益を否定すると，かえって控訴人は訴訟手続により残額を請求する機会を永久に奪われてしまうという重大な不利益を受けることになって，右過失と結果との間に不均衡を生ずることなどの理由から，控訴人が原審で請求拡張を失念したという一事によって，本件控訴の利益を否定するのは相当でないというべきである。」

素材判例に従う限り，⑥Xには控訴の利益が認められ，300万円の支払を求めて控訴することができることになります。なお，このような請求の拡張は，一般に訴えの変更（143条）に当たると解されていますので，その要件も別途必要となります。

### 3　小問(3)について

本小問では，⑦⑧受訴裁判所が，弁済の抗弁・消滅時効の抗弁を排斥しつつ，相殺の抗弁を容れ，請求棄却判決を下したのに対して，⑨Yが，控訴を提起することができるかが問われています。

本小問も，前小問と同様，形式的不服説に立つ限り，控訴の利益が認められないのが原則ですが，上記例外の１つ目のパターンに当たりますので，控訴の利益が認められるという結論になります。

したがって，⑨Yは控訴を提起することができます。

## ■答案構成

第１　小問(1)について

１　Ｙの控訴が適法といえるためには，Ｙに控訴の利益がなければならない

２　上訴の利益（控訴の利益）

↓

形式的不服説

３　あてはめ

第２　小問(2)について

１　Ｘは全部勝訴判決を得ているから，控訴の利益が認められないのが原則

２　黙示の一部請求

訴訟物の分断が認められず，後訴で訴求することができない

この場合には，例外を認めてよい

３　Ｘには控訴の利益あり

Ｘには過失があるが，不利益の重大さと衡量すると，なお，控訴の利益あり

４　Ｘには控訴の利益があり，請求の拡張を求めて，控訴することができる

第３　小問(3)について

１　Ｙは，請求棄却判決について，理由中の判断に不服があるのみであるから，Ｙに控訴の利益は認められないのが原則

２　相殺の抗弁については例外

３　Ｙには控訴の利益があり，控訴を提起することができる

## ■解答例

第1　小問(1)について
1　Yの控訴が適法といえるためには，Yに控訴の利益がなければならない。
2　そこで，控訴の利益の有無の判断基準が問題となる。
この点について，実体法上，当事者がより有利な判決を得る可能性があれば，不服の利益が認められるとする説がある。しかし，このように解すると，上訴の対象が広きに失する結果となる。
処分権主義（246条参照）の下，自らの責任で審判対象を設定し全部勝訴した者に，上訴による不服申立てを認める必要はなく自己責任を問い得る。また，基準として明確である必要がある。
したがって，申立ての内容と判決を比較し，質的・量的に後者が不利であるかをもって決するのが妥当であると解する。
もっとも，全部勝訴判決であっても，既判力の作用によって後訴で争う機会がないなどという例外的な事情が認められる場合は，控訴の利益を認めるべきである。この場合には，そのような不利益を負わせることについて，自己責任を強く問うことができないからである。
3　本小問では，Xの請求が棄却されており，Yの主張は理由中の判断のみに不服があるにすぎないから，申立ての内容と判決を比較し，質的・量的に後者が不利であるとはいえず，控訴の利益は認められない。また，上記のような例外的な事情があるわけではない。
したがって，Yは控訴を提起することはできない。

第2　小問(2)について
1　受訴裁判所は，Xの請求を全額認容する旨の判決を下しているから，Xの申立ての内容と判決を比較し，質的・量的に後者が不利であるとはいえない。
したがって，Xに控訴の利益が認められないのが原則である。
2　そこで，以下上記の例外的な事情があるか，具体的には，後訴で残部である100万円の支払を請求することができるか検討する。
ここで，無条件で訴訟物の分断が認められれば，後訴で残部である100万円の支払を請求することができる。
確かに，訴訟外における権利の一部行使と対応して，訴訟物の分断は認められるべきであるが，被告の利益にも配慮して明示を要件とすべきである。そのため，明示がない場合には，訴訟物の分断は認められず，債権全体が訴訟物となるから，残部にも既判力が及び，後訴で残部を請求することはできない。
本小問でも，第一審においてXの請求が一部であることの明示はないから，Xは判決確定後，別訴による残額請求をす

←小問(1)について
控訴の利益の有無の判断基準について総論で論じ，その後，各小問について検討するというスタイルでも構いません

論証
本問は，実質的に一論点なので，反対説まで論じました

←小問(2)(3)の伏線を張っておきます

←あてはめ

←小問(2)について

←形式的な結論

←例外について検討

←一部請求論は前提論点にすぎないので，コンパクトにまとめました

ることができない。

3　したがって，上記例外的な事情が認められ，Xには控訴の利益が認められる。

なお，本問では，Xには，請求の拡張や明示を怠ったことに過失があるから，残部を請求することができなくなることについて自己責任を問うことができ，上記のような例外的な事情を認めるべきではないという考え方も成り立つ。しかし，控訴の利益を否定すると，Xは訴訟手続により残額を請求する機会を永久に奪われてしまうという重大な不利益を受けることになる。このような結果は，単なる過失があるにすぎないことと比べて著しく不均衡であり妥当でなく，自己責任の法理によって基礎付けることができる結果ではない。

←Xに過失が認められるという点についても，配慮しておきました

そのため，やはり控訴の利益を認めるべきである。

4　以上から，Xは，訴えの変更の要件（143条）を満たせば，300万円の支払を求めて控訴することができる。

第3　小問(3)について

←小問(3)について

1　小問(1)と同様，請求棄却判決が下されており，Yは，理由中の判断について不服があるにすぎないから，Yに控訴の利益が認められないのが原則である。

←形式的な結論

2　そこで，前小問と同様，上記例外的な事情が認められるかを検討する。

←例外について検討

本小問では，相殺の抗弁が認められている。相殺の抗弁は，理由中の判断であっても，相殺をもって対抗した額については既判力が生じる（114条2項）。

そのため，Yは，既判力の作用によって，この部分を後訴において訴求することができなくなるという不利益を負う。

実質的にみても，被告は自ら審判対象を設定しているわけではないから，自己責任を強く問うことはできない。

したがって，上記例外的な事情が認められるというべきである。

3　以上から，Yには控訴の利益があるため，控訴を提起することができる。

以　上

## ● 合格者の問題メモ

Xは，Aの相続人であるが，Aは，生前，Yに対して，６００万円の貸金返還請求権を有していた。Aの相続人には，Xのほかにも２名いたため，Xは，Yを被告として，法定相続分である３分の１に相当する２００万円の支払を求める訴えを提起した。

その後，Aの相続人のうちの１名が相続放棄をしたため，Xの相続分は３００万円になり，Xもそのことを認識していたが，請求の拡張をすることや２００万円が債権の一部であることの主張を失念していた。この訴訟において，Yは主位的に弁済の抗弁を，予備的に消滅時効の抗弁を主張している。

以上の事実関係を前提として，以下の各小問について解答しなさい。各小問は，それぞれ独立した問いである。

⑴　受訴裁判所は，Yによる消滅時効の抗弁を認め，請求棄却判決を下した。これに対して，Yは，弁済の抗弁が認められるべきであると主張して，控訴を提起することができるかについて，論じなさい。

⑵　受訴裁判所は，Yの抗弁を排斥し，Xの請求を全額認容する旨の判決を下した。これに対して，Xは，３００万円の支払を求めて，控訴することができるか。

⑶　証拠調べの結果，Yは，上記各抗弁が認められる可能性が少ないと判断し，YがXに対して有する２００万円の債権を用いて，対当額で相殺する旨の抗弁を提出した。受訴裁判所は，弁済の抗弁・消滅時効の抗弁を排斥しつつ，X及びYの債権がいずれも認められるとして，相殺の抗弁を容れ，請求棄却判決を下した。これに対して，Yは，控訴を提起することができるかについて，論じなさい。

## ● 合格者の答案構成

1 小問⑴

⑴、控訴の利益

⑵．当てはめ．

~~相殺　実質的敗訴~~

2．小問⑵

確かに～

しかし～（明示なき、債権全額について既判力）

3．小問⑶

確かに～

しかし～

（相殺は実質的敗訴）

## 合格者の答案例

1 小問(1)について

(1)、控訴を提起するためには、控訴の利益が必要となる。そこで、控訴の利益の意義が問題となる。

明確性の見地から、控訴人の請求と判決主文とを比較して、後者が前者に及ばない場合には、控訴の利益が認められると解する。

(2)、本問においてみるに、Yは請求棄却判決を求めており、判決で棄却している。そのため、後者が前者に及ぶといえ、控訴の利益は、認められない。

よって、Yは控訴を提起することはできない。

2. 小問(2)について

確かに、Xの請求を全額認容する旨の判決がなされていることから、控訴の利益が認められ得るとも思える。しかし、控訴の利益が認められないとすると、貸金返還請求権が200万円であると既判力によって確定し(114条1項)、残額の100万円について請求することができなくなる。そのため、控訴人の実質的請求と比べれば、判決主文が及ばず、控訴人たるXは不利益を受けることになる。

よって、例外的に、Xは控訴をすることができる。

3. 小問(3)について

確かに、請求棄却判決が出ている以上、被告たるYにとっては、控訴の利益が認められないとも思える。しかし、相殺の抗弁は、請求債権の存在を認め、自身の債権の消滅をもって、債務を免れるという性質を持つ点において、実質的敗訴といえる。そのため実質的には、Yの請求に、判決主文が及ばないといえる。

よって、例外的に、Yは控訴を提起することができる。

以上。

45
46
47
48
49
50
51
52
53
54
55
56
57
58
59
60
61
62
63
64
65
66

67
68
69
70
71
72
73
74
75
76
77
78
79
80
81
82
83
84
85
86
87
88

# 判例索引

## 大審院・最高裁判所



## 高等裁判所



## 地方裁判所

アガルートアカデミーは，
2015年1月に開校した
オンラインによる講義の配信を中心とする
資格予備校です。

「アガルート（AGAROOT）」には，
資格の取得を目指す受験生の
キャリア，実力，モチベーションが
あがる道（ルート）になり，
出発点・原点（ROOT）になる，
という思いが込められています。

合格者インタビュー

*INTERVIEW*

# 上田 亮祐さん

平成29年度司法試験総合34位合格
神戸大学・神戸大学法科大学院出身

── 法曹を目指したきっかけを教えてください。

私は，小学生の頃にテレビに出ていた弁護士に憧れを抱いて，弁護士を目指すようになりました。

── 勉強の方針とどのように勉強を進めていましたか？

演習を中心に進めていました。

アガルートアカデミーの講座の受講を始めたのはロースクール入学年の2015年4月からなのですが，それまでは別の予備校の入門講座，論文講座を受講していました。しかし，そこでは「まだ答案の書き方が分からないから，とりあえず講座の動画を消化しよう。消化していけば答案の書き方が分かるようになるはずだ」と考え，講義動画を見たり，入門テキスト，判例百選を読むだけで，自分でほとんど答案を書かず実力をつけられないままロースクール入試を迎えました。

なんとか神戸大学法科大学院に入学し，自分の実力が最底辺のものでこのままでは２年後の司法試験合格どころかロー卒業すらも危ういと分かると，司法試験の勉強として何をすれば良いのかを必死で考えるようになりました。そして，「司法試験は，試験の本番に良い答案を書けることができれば合格する試験である」という当たり前の命題から，「少しでも良い答案を書けるように，答案を書く練習をメインに勉強しよう」と考えるようになりました。

そこで，総合講義300を受講し直しつつ，重要問題習得講座のテキストを用いて，論文答案を書く練習を勉強のメインに据えていました。また，なるべく手を広げないように，同じ教材を繰り返すことを心がけていました。

── 受講された講座と，その講座の良さ，使い方を教えてください。

【総合講義300】

総合講義300の良さは，講義内でテキストを３周するシステムだと思います。

以前受講した別の予備校の入門講座は，民法だけで100時間以上の講義時間がある上，テキストを１周して終わるため，講義を受け終わると最初の方にやったことをほとんど覚えていないということが普通でした。しかし，アガルートの総合講義は，講義内でテキストを３周するため，それまでにやったことを忘れにくい構造になっていると感じました。テキストも薄く持ち運びに便利で，受験生のことをしっかり考えてくれていると思いました。

【論証集の「使い方」】

短い時間で各科目の復習，論点の書き方の簡単な確認ができるのがとても優れています。講義音声をダウンロードして，iPodで繰り返し再生していました。

【論文答案の「書き方」】

答案の書き方が分からない状態というのは，「今は書けないから，問題演習しないでおこう，答案を書かないでおこう」と考えがちなのですが，そんな初学者状態の受験生に，強制的に答案を書く契機を与えてくれるので，そういう点でこの講座は有益だったと思います。他のテキストではあまり見ない「答案構成例」が見られるのも初学者の自分には助かりました。また，重要問題習得講座のテキストを用いた演習方法は，この講座で工藤先生がやっていたことをそのままやろうと考えて思いついたのであり，この講座がなければ勉強の方向性が大きく変わっていたのではないかと思います。

【重要問題習得講座】

テキストが特に優れています。予備校の講座内で使用されているテキストは，口頭・講義内での説明を前提としているため，解説が書かれていなかったり不十分なことが多いのですが，重要問題習得講座のテキストは十分な解説が掲載されていますし，論証集，総合講義の参照頁も記載されていますから，自学自習でも十分にテキストを利用することができます。

【旧司法試験論文過去問解析講座（上三法）】

テキストに掲載されている解説が詳細であるのみならず，予備試験合格者が60分で六法以外何も見ずに書いた答案が掲載されており，予備試験合格者のリアルなレベルを知ることができたのはとても有益でした。完全解を目指すためには模範答案を，とりあえず自分がどの程度のレベルに到達しているのかを測るためには予備試験合格者の答案を見れば良かったので，全司法試験・予備試験受験生に薦めたい講座の１つです。

―― 学習時間はどのように確保していましたか？

学習時間はローの講義のない空きコマで問題を解くようにしていました。また，集中できないときはスマホの電源を切ってカバンの中にしまったり，そもそもスマホを持って大学に行かないようにすることで，「勉強以外にやることがない」状況を意図的に作り出すようにしていました。

―― 振り返ってみて合格の決め手は？　合格にアガルートの講座はどのくらい影響しましたか？

演習中心で勉強し，細かい知識に拘泥することなく，「受かればなんでも良い」という精神で合格に必要な最短コースを選ぶことができたのが合格の最大の決め手になったのだと思います。重要問題習得講座は，そのような演習中心の勉強をするに当たりかなり有益でした。また，論証集の「使い方」についても，その内容面はもちろん，勉強方法について講座内でも，工藤先生は再三「受かればなんでもいい」「みなさんの目的は法学を理解することではなく，受かること」と仰っており，講義音声を聞き返す度にこれを耳にすることになるので，自分の目的意識を明確に保つことができたように思います。

―― 後進受験生にメッセージをお願いします。

私自身もそうでしたが，よく思うのは，「合格者に勉強方法などについて質問をたくさんする人ほど，自分で勉強する気がない」ということです。勉強方法や合格体験談の情報をたくさん集めるだけで，なんとなく自分の合格が近づいたように錯覚してしまい，真面目に勉強しなくなるというのは私自身が経験した失敗です。受験生がやるべきことは，失敗体験を集めた上で，その失敗を自分がしないようにすることだと思います。私は講義動画を視聴するだけで自分では答案を書かなかったために，ロー入学時点で答案の書き方が全く分からない，答案が書けないという失敗を犯しました。受験生の方には，ぜひとも私と同じ失敗をしないようにしていただきたいと思います。

*Profile*

上田 亮祐（うえだ・りょうすけ）さん

25歳（合格時），神戸大学法科大学院出身。
平成28年予備試験合格（短答1998位，論文173位，口述162位），司法試験総合34位（公法系199～210位，民事系70～72位，刑事系113～125位，選択科目（知的財産法）3位，論文34位，短答455位），受験回数：予備，本試験ともに1回ずつ。

合格者インタビュー

*INTERVIEW*

# 福澤 寛人さん

平成30年度司法試験予備試験合格
令和元年度司法試験１回目合格　慶應義塾大学出身

―― 法曹を目指したきっかけを教えてください。

法律の勉強が楽しく，法律を扱う仕事をしたいと感じたからです。弁護士の業務への興味よりも，法律学への興味が先行していました。

―― どのように勉強を進めていましたか？

総合講義300を受講したあとに，ラウンジ指導を受け，論文を書き始めました。今思えば，総合講義300と論文答案の「書き方」・重要問題習得講座は並行して受講すべきであったと感じています。

勉強の方針としては，手を広げすぎず，アガルートの講座を中心に勉強をしました。また，特に過去問の分析にも力を入れ，本試験というゴールを意識した勉強をするよう心掛けていました。

―― 受講された講座と，その講座の良さ，使い方を教えてください。

【総合講義300】

総合講義300は，300時間という短時間で法律科目全体を学べる点が良かったです。講座自体はとても分かりやすいのですが，法律そのものが難解ですので，どうしても理解できない箇所がありました。しかし，工藤先生がおっしゃる通り，分からない箇所があったとしても，一旦飛ばして先に進むという方針で勉強をしました。その結果，躓くことなく，また，ストレスを感じることなく，勉強を進めることができました。

【論文答案の「書き方」】

この講座は，論文の書き方の基礎をさらっと学べる点が良かったです。この講座は，受講をした後に，練習問題を実際に書き，先生に添削していただくという使い方をしました。

【重要問題習得講座】

この講座は，全ての問題を解くことで，重要な論点の論文問題をこなせる点が良かったです。この講座は，答案構成をした後に解説講義を聴き，自分の答案構成と参考答案を見比べ，自分に何が足りていないかを分析するという使い方をしました。

【論証集の「使い方」】

この講座は，繰り返し聴くことで，自然と論証が頭に入ってくる点が良かったです。この講座は，iPhoneに音声を入れ，1.5倍速ほどのスピードで繰り返し聴くという使い方をしました。

【予備試験過去問解析講座】

この講座は，難解な予備試験の過去問について，丁寧に解説がなされている点が良かったです。この講座は，予備試験の論文の過去問を実際に解いた後に，講義を聴くという使い方をしました。

―― 学習時間はどのように確保していましたか？

隙間時間を有効に活用することで，最低限の学習時間を確保するよう意識していました。勉強に飽きたときには，あえて勉強をせず，ストレスをためないように意識をしていました。

―― 直前期はどう過ごしていましたか？

直前期は，自分でまとめた自分の弱点ノートを見直していました。自分には，問題文を読み飛ばす・事情を拾い落とすなどの弱点があったため，本番でその失敗をしないよう，何度もノートを見ることで注意を喚起しました。また，何とかなるでしょうという気軽な心構えで試験を迎えました。

―― 試験期間中の過ごし方は？

普段と違うことはせず，普段と同じ行動をするように心掛けました。また，辛い物や冷たい物など，体調を崩す可能性のある物は食べないよう気をつけました。

―― 受験した時の手ごたえと合格した時の気持ちを教えてください。

短答式試験は落ちたと感じましたが，実際には合格できていたので，スタートラインに立てたという安心感がありました。

論文式試験は初受験だったため，よくできたのかできなかったのかも分かりませんでした。そのため，論文合格を知った時は嬉しい気持ちと驚きの気持ちが半々でした。

口述式試験は，完璧にはほど遠い手ごたえでしたが，合格しているとは感じていました。実際に合格していると知ったときには安堵しました。

―― 振り返ってみて合格の決め手は？　合格にアガルートの講座はどのくらい影響し

ましたか？

合格の決め手は，アガルートを信じて手を広げ過ぎなかったことであると感じています。アガルートの講座のみを繰り返すことによって盤石な基礎固めをすることができたと思います。そのため，上記の講座は，今回の合格に大きく影響していると考えます。

―― アガルートアカデミーを一言で表すと？

「合格塾」です。

―― 後進受験生にメッセージをお願いします。

予備試験は出題範囲が広く，受験は長期間の闘いになると思います。ですので，無理をし過ぎず，ストレスをためない勉強方法を模索することが大事だと思います。

また，私は，模範答案とは程遠い答案しか書けずにいました。しかし，それでも結果的に合格できていることから，合格するためには模範答案ほどの答案を書ける必要はないと分かりました。そのため，完璧な答案を書けなくとも，気にすることなく勉強を進めていただければと思います。

同じ法曹を目指す仲間として，これからも勉強を頑張りましょう。

*Profile*

福澤 寛人（ふくざわ・ひろと）さん

21歳（合格時），慶應義塾大学4年生。
在学中に受けた２回目の予備試験で合格を勝ち取る。短答1770位，論文106位。
その後，令和元年度司法試験１回目合格。

合格者インタビュー

*INTERVIEW*

## 秋月 亮平さん

京大ロースクール２年次に予備試験合格後中退。
平成30年度司法試験総合56位合格

―― 法曹を目指したきっかけを教えてください。

文学部在籍時，専攻を変更した影響で１年留年が決まっていたところ，父に，「暇なら予備試験でも受けてみたら」と言われたのをきっかけに勉強を開始。公務員試験で勉強経験のない商法，訴訟法の勉強をしているうちに法律そのものが面白くなり，予備試験には不合格だったものの，法律を職業にしたいと思い，本格的に司法試験を目指すようになった。

―― アガルートとの出会いは？

２年連続で予備試験不合格となり，親から予備校の利用を勧められた。そこで，私が前年より使用し始めていた市販の論証集の著者が開いているというアガルートというところにした。理由は，安いからである。

―― どのように勉強を進めていましたか？

予備試験３回目の年は，クラスの中で予備試験を目指している友人と仲良くなり，短答合格後，論文試験に向け，励まし合いつつお互いに予備試験の過去問を書いたものを見せ合うということをやった。

論文合格という驚天動地の出来事に目を白黒させながら口述対策を慌てて始めた。予備校で口述模試を受ける他は，法律実務基礎科目対策講座を読んで要件事実，刑事手続を詰め込んだ。また，民事訴訟の手続（執行保全含む。），刑法各論の構成要件の暗記も行った。

司法試験へ向けては，１月半ばから，過去問を書き始めた。しかし，予備試験後からのブランクを差し引いても，本試験の問題がそう簡単に書けるわけがない。ここから，模試と本試験まで，途中答案病に呻吟することとなる。

２月以降，他の予備校に週２回答練に通った。過去問を書いた感触からして，自分の最大のアキレス腱は途中答案であると確信していたので，問題文の読み方や答案構成のやり方はもちろん，ペンについても試行錯誤していかに時間内に書き切るかに課題を絞った。

―― 受講された講座と，その講座の良さ，使い方を教えてください。

【総合講義100】

試験に要求される必要十分条件（必要条件でも，十分条件でもない。）を満たした知識がコンパクトに盛り込まれている。薄くて（商法のテキストを見たときはのけぞった。シケタイやCbookしか見たことがなかったから。），持ち運びに便利なだけでなく，そもそも読む気が起きる。

初めは講義とともに通しで受け，その後はアドホックに該当箇所を参照していた。公法，刑事は判例知識が乏しかったため，特定の分野の判例を何度も何度も読んで，目が開かれた（例えば行政法の原告適格の判例だけを繰り返し読んで講義を聴くうち，個々の判例の内容も頭に入るようになったし，問題を解くときに判例を地図にして判断できるようになった。）。そのため，一番役に立ったのは判例の解説だったと思う。

【論証集の「使い方」】

徹底して判例・調査官解説・通説に準拠しており信頼性が抜群である。キーワードと規範（判例が使っている理由づけ含む。）にマークして，流し読みを繰り返す。たまにじっくり読む機会を作って，１つ１つの文の意味を本当に理解しているか，換言すればそれをくだけた言葉遣いででも他人に説明できるだろうかということを問いながら読むと，実はよくわかっていないということがわかったりする。巷で言われている通り確かに論証が長めだが，その分いつまでも発見が尽きない。講義も音楽感覚で聴いていたが，やはり論証を手元に置いて先生が言っているポイントを書き込んでしまう方が話が早い。

【重要問題習得講座】

論点の網羅性が高く，論証の真の「使い方」はこの講座で体得した気がする。使い方としては，法律的な構成と論点抽出を正しくできるかに力点を置いて，あてはめは，最悪あまり上手くなくても気にせずクリアということにしていた。1周目の出来を○，△，×に分け（救急医療の用語でトリアージと呼んでいた。），×の問題だけ繰り返すようにしていた。あまりクリア基準を厳しくしすぎると優先順位を上手く割り振れないため，△は甘めにしていた（小さな論点落としなど。）。

―― 学習時間はどのように確保していましたか？

ロースクールの予習復習はあまりしていなかったので，授業時間以外は基本的に自分の勉強時間にあてることができた。もっといえば授業中も論証を読んでいたりしていた。また，電車での移動時間に論証や総合講義を読む（聴く），肢別本を解くなどもした。

ロースクールに行かなくなってから直前期までは，昼に自習室に行き，過去問や重問をメインで勉強し，夜9時すぎに帰っていた。他予備校の答練がある日は，答練後自習室に戻り，答練で出た分野の復習をすることが多かった。

―― 振り返ってみて合格の決め手は？　合格にアガルートの講座はどのくらい影響しましたか？

決め手を１つに絞るのは難しいので２つ挙げると，論証だけはしっかり覚え（る努力をし）たのと，わからない問題からはさっさと逃げたことだと思う（私は「損切り」と呼んでいた。）。

論証集の「使い方」を繰り返し聴き，問題の所在や規範自体の意味まで学べたので，法律論はもちろんのこと，あてはめまで充実させることができた。予備試験から司法試験で共通しているのは総合講義と論証集なので，この２つが決定的に影響したと思われる。

―― アガルートアカデミーを一言で表すと？

「合法ドーピング」

―― 後進受験生にメッセージをお願いします。

司法試験に合格するのは，他ならぬ「あなた」しかいません。合格者の言うことは金科玉条では全くなく，ネットやロースクールで出回る噂は基本眉唾です。予備校もそうで，所詮あなたが使い倒すべき駒の１つにすぎません。どれを捨て，どれを活かすかもあなたが自由に決めてよいのです。どんな些細な情報にも，振り回されず，フラットに受け止めて，たくさん捨て，たくさん活かしてください。

*Profile*

秋月 亮平（あきづき・りょうへい）さん

25歳（合格時），京都大学文学部卒業，京都大ロー未修コース中退。
予備試験は学部5回，ロー1年次で不合格後，2年次に合格。
平成30年度司法試験1回合格（総合56位）。

〈編著者紹介〉

アガルートアカデミー

大人気オンライン資格試験予備校。2015年１月開校。

- 司法試験，行政書士試験，社会保険労務士試験をはじめとする法律系難関資格を中心に各種資格試験対策向けの講座を提供している。受験生の絶大な支持を集める人気講師を多数擁する。合格に必要な知識だけを盛り込んだフルカラーのオリジナルテキストとわかりやすく記憶に残りやすいよう計算された講義で，受講生を最短合格へ導く。
- 近時は，「オンライン学習×個別指導」で予備試験・司法試験の短期学習合格者を続々と輩出する。

アガルートの司法試験・予備試験
**実況論文講義　民事訴訟法**

2020年３月１日　初版第１刷発行
2022年８月１日　初版第２刷発行

編著者　アガルートアカデミー
発行者　アガルート・パブリッシング
〒162-0814　東京都新宿区新小川町5-5　サンケンビル4階
e-mail：customer@agaroot.jp
ウェブサイト：https://www.agaroot.jp/

発売　サンクチュアリ出版
〒113-0023　東京都文京区向丘2-14-9
電話：03-5834-2507　FAX：03-5834-2508

印刷・製本　シナノ書籍印刷株式会社


ISBN978-4-8014-9359-9